战略思想丛书③

战略家：思想与著作(新版)

钮先钟　著

文汇出版社

PREFACE ｜总 序｜

大时代,需要大战略

工业革命200年,人类创造了过去所有时代所创造的一切财富总和;今天,人类已经进入工业革命4.0时代,已经进入到互联网时代、物联网时代、天权时代……未来,不可思议,不可限量。

这是一个开放的时代,贸易全球化和世界经济一体化,互联网技术与资本市场快速发展,新技术发展和相互依存的经济,使得整个世界紧密相连,地球越来越像一个"村"。

地球是圆的,世界是平的。

时代变了——大时代,需要全球战略大格局。

中国,从来没有像今天这样,与世界紧密地联系在一起。

中国,更是面临着五千年未有之变局。

大时代,您,准备好了吗?

三千年未来有之变局。

自1840年以来,中国"自我为中心之国"发生动摇,晚清重臣李鸿章喊出了"三千年未有之大变局",洋务运动,师夷长技;然后,晚清政权相对和平转移到前中华民国,晚清皇族得以自保,这是在华夏三千年王朝更替史上极为罕见的,可谓奇迹!

军阀混战,到蒋介石先生北伐成功以后的中华民国,十四年抗战,再到1949年以后中华人民共和国成立。

"城头变幻大王旗"①,目不暇给。

一百年未有之变局。

1978年开始"改革开放"战略,"拨乱反正","以经济建设为中心",加入WTO,中国开始由封闭走向开放,由自然经济的农工劳作走向工业化,由自给自足自成一体大中国走向全球化并融入到全球经济之中,中国开始真正迈向现代化。

2008年以来,全球性"经济危机",中国从"物资短缺"到"产能过剩",中国人从饿肚子向"吃饱了撑的"、营养过剩、三高增加,新常态、顶层设计……中国面临五千年来未有之变局。

眼花缭乱,雾里看花,怎样借得一双慧眼呢。

"眼看他起朱楼,眼看他宴宾客,眼看他楼塌了。"②

"机关算尽太聪明,反算了卿卿性命。……忽喇喇似大厦倾,昏惨惨似灯将尽。"③

得势时,气吞万里如虎,何其雄哉!

失势时,业败身死,又何其悲哉!

多少大败局,败在时势不顺,败在战略无知,令人不胜唏嘘,不胜惋惜。

---

① 鲁迅·《七律·无题》。
② 清·孔尚任·《桃花扇》。
③ 清·曹雪芹·《红楼梦》第五回"十二曲——聪明累"。

早在2500年前,中国战略大师孙子就说过:必以全争于天下①。

如果那些曾经的大官大商显贵达人能够早点知道或理解这句话,或将少去很多人类人间悲剧。

"秦人无暇自哀而后人哀之,后人哀之而不鉴之,亦使后人复哀后人也。"②

大到国家民族生死存亡,小到个人家庭企业兴衰发展,其命运都与大时代紧密相关,一不小心就容易被大时代的洪流所裹挟,祸福相生,成王败寇,机会挑战并存,欲成大业者,欲自保(而求全胜)者,必谨察之。

李嘉诚先生少小逃离家园,香港创业成长发达,改革开放大举投资中国内地,成为一代华人首富,2012年后进行资产大腾挪,下出一步步让外人眼花缭乱的棋……创业六十余年,虽历经多次经济危机,但没有一年亏损。

"等到危机来的时候,他就已经做好了准备",是谓战略高手!

他每天90%的时间,都在考虑未来的事情。他是一个危机感很强的人,他总是时刻在内心创造公司的逆境(如何首先立于不败之地),不停地给自己提问,然后想出解决问题的方式。

李嘉诚先生曾经对其对手一代贼王张子强说:"你拿了这么多钱,下辈子也够花了,趁现在远走高飞,洗心革面,做个好人;如果

---

① 春秋·孙武·《孙子兵法·谋攻篇》。
② 唐·杜牧·《阿房宫赋》。

再弄错的时候,就没有人可以再帮到你了。"

张子强没有听取,更遑论战略思考、战略布局,一代贼王,赌完玩完,下场可悲,可惜可叹。

既深谙中国发展趋势,又居香港得全球资源整合之利,更洞察人性命运,李嘉诚先生可谓战略眼光独到、战略境界高远,战略布局了得。

顺应时代潮流游刃有余地发展搏得"立德、立功、立言"站在历史的枝头微笑,还是退而求其次至少还能立于不败之地得以"福、禄、寿"保全有余,还是错估时代潮流为逆势所裹挟不进则退、功败垂成、身陷囹圄甚至被早早地扫进历史的垃圾堆?

无论大官大商显贵达人,还是市井百姓屌丝小民,必谨察之。

世界怎么样,我们怎么办?
怎么办,怎么办,事到如今好为难?
在大时代的洪流里,更要有清醒的认识。
快速反应,观察世界,定位自己。
顺天应时,因势利导,走一步看三步。
因地制宜,因时制宜,因势制宜,与时俱进。
领先半步是先进,领先一步是先烈。
如何把握其中的平衡,这是一种科学,也是一门艺术。
只有变是不变的,但——万变不离其宗。

仰望星空,脚踏实地。
大时代,需要大战略。

总　序

需要有战略思维。

需要提升战略修养。

中国是大国,有五千年历史,战略经验教训智慧丰富。

开放社会,放眼全球,师夷长技,融会贯通,战略智慧资源充沛。

有鉴于此,我们推出"战略思想丛书"系列,希望给读者诸君提供一些独到的、有益的参考和启发,"知其然","知其所以然"。

我们相信:在这些优秀人物的大智慧、大思想的启发和指引下,将会有助于您的战略修养的提升,有助于您的智慧与人生成长。

大时代,需要大战略。

大时代,运用大战略。

必以全争于天下!

是为总序。

王立中

2019年6月于战略家书苑

FOREWORD 前 言

　　这本书的书名为《战略家：思想与著作》。首先必须要阐明"战略家"此一名词的意义。然则何谓战略家？又必须先了解战略的内涵。概括言之，**战略是一种思想，一种行动，一种计划。**

　　战略的起点为思想，对所将面对的未来环境思考如何适应之道，即为战略。战略的终点为行动，能把思想化为行动，战略始不至于沦为空谈。

　　思想与行动之间又要有一座桥梁，否则就会彼此隔绝，战略遂不能形成整体。此一桥梁即为计划。有计划思想始能落实，始能有体系，始能逐步付之行动。计划乃行动的基础，行动必须接受计划的指导。无计划的行动不特不会有效，而且还可能铸成大错。

　　基于以上的分析，可知必须思想、行动、计划三位一体，然后才是战略。必须如此，思想始不至于空洞，行动始不至于盲目。因此，**从事战略思考的人，拟定战略计划的人，采取战略行动的人，都可称之为战略家。**

　　专以思想为务者自可称之为战略思想家，专以行动为务者则可称之为"将"。从行动的观点来看，战略亦即为"将道"。我国兵圣孙子可能为世界上第一位对将道作理论研究的学者。拟定战略计划的人又应列入哪一类？古代战争比较简单，拟定计划的人往往即为指挥作战的人。换言之，计划与行动均为将的任务。时至近代，业尚分工，计划的作出与执行，遂分别由不同的人来负责。执行者为指挥官，作出者为幕僚。19世纪，欧洲各国普遍设立参谋本部，于是战略计划的作出遂成为参谋本部的专业。这也是世界环境变得日益复杂所导致的必然后果。

负责战略计划作出的人必然有深入思考能力，与专业思想家几乎是难分伯仲。他们又一定能了解行动的指挥，否则其计划将成为纸上谈兵。所以他们是既能思考，又能计划，而且也精通将道。他们虽不被认为是战略思想家或名将，但却位于两种专业之间，并且也兼有二者之长。

本书在组织上共分十五章，前七章所论为我国历史中的战略家，其重点放在思想与著作两方面。后八章所论为西方历史中的战略家，其内容包括思想、著作、计划、将道各方面，可谓应有尽有，其中又有两章专论英美的海权思想，值得注意。

各章虽各自成一单元，彼此似少联系，但合而观之，又还是能够帮助读者了解所谓战略家的意义，并提供研究战略思想及著作时的参考。

钮先钟

2000年4月4日

CONTENTS | 目 录

总　　序 ·· 1
前　　言 ·· 1

第 一 章　吴起：孙吴比较 ·· 1
第 二 章　孙膑：孙子第二 ·· 21
第 三 章　尉缭子：作者与时代 ······································ 43
第 四 章　太公与六韬 ·· 63
第 五 章　曹操与诸葛亮：比较研究 ······························ 81
第 六 章　李卫公问对 ·· 103
第 七 章　元明清三代战略思想简述 ······························ 127
第 八 章　克劳塞维茨与孙子 ·· 151
第 九 章　毛奇三不朽 ·· 173
第 十 章　史里芬与计划 ··· 189
第十一章　马汉：著作与思想 ·· 203
第十二章　近代英国的海权思想 ····································· 219
第十三章　富勒：装甲兵之父 ·· 239
第十四章　第二次世界大战德国三大名将 ····················· 253
第十五章　综论西方名将的将道 ···································· 275

第一章
吴起:孙吴比较

引言　　　　　　《吴子》卷下
吴子:其人,其书　　结论
《吴子》卷上

引　言

在我国的军事思想史中,孙子与吴子居于不分伯仲的地位。后世谈兵者往往都是孙吴并称,换言之,他们二人是早已被公认为同一等级的兵学大师的。他们各有著作传世,而且在战国和秦汉时即已流行。

韩非是战国末期的人,曾经指出:"境内皆言兵,藏孙吴之书者家有之。"司马迁是西汉(武帝)人,他在所著《史记》上说:"世俗称师旅者,皆曰孙子十三篇,吴起兵法,世所多有,故不论。"可以证明,孙吴的地位是不相上下的,其著作也同样受到尊重,而非其他兵书所能及。

吴起的军事才能不仅史有记载,而且甚至有过于孙子,尤其是孙子的功业几乎没有详细记载。尉缭子曾作比较如下:"有提十万之众而天下莫当者谁?曰桓公也。有提七万之众而天下莫当者谁?曰吴起也。有提三万之众而天下莫当者谁?曰武子也。"

虽然《孙子》与《吴子》在北宋时一同列入《武经七书》,但到今天,研究孙子的人可以说是遍及中外,但研究吴子的人则少之又少,两者之间简直不成比例。而且孙子之书仍然大致完整无恙,吴子之书则早已残缺不全。

吴子：其人，其书

吴子名起，其一生事迹，不仅《史记》的《孙子吴起列传》中有扼要的记载，而且《战国策》、《韩非子》、《吕氏春秋》等古书中也都可以找到与他有关的资料，所以，后世对其生平所能获致的知识，的确相当丰富，而不像对孙子的生平那样几乎一无所知。

吴起的生卒年大约是公元前440年生，公元前381年死，即分别为周考王元年和周安王二十一年。这是最近的考证。因为其出生已在三家分晋（公元前453年）之后，所以应该算是战国初期的人。他出生在卫国左氏（今山东曹县北）的一个富有家庭中。卫国是一个小国，文化水准较低，所以他前往邻近的鲁国求学。鲁国是文化大国，孔子故乡，他的老师是曾申，为孔子弟子曾参（曾子）之孙。所以，吴起之学与儒家确有渊源。

吴起在鲁国并不得意，直到将近四十岁时，由于齐国出兵进攻鲁国，鲁君知吴起知兵，遂准备命他为将，但吴起之妻却是齐国人，所以放心不下，于是吴起杀妻以明心迹。鲁君终于以吴起为将，并大败齐军。吴起立功后立即引起许多人的嫉妒，开始攻击他操守有问题，例如"母死不葬"、"杀妻求官"等等，并且还指出齐国被吴起击败之后，必然会想要报仇，所以对鲁国的安全将会构成威胁，于是鲁君遂不再信任吴起。

吴起知道他在鲁国已再无上进的希望，遂离开鲁国，前往魏国，此时魏国的君王为魏文侯，锐意改革，求贤若渴，遂使吴起获得一展所长的机会。魏文侯首先向他的宰相李克（悝）征询意见，李克认为吴起贪名好色，操守的确不太好，但以兵法而论，虽司马穰苴也不一定能胜过他。于是魏文侯遂命吴起为将,带兵进攻秦国,获得连克五城的辉煌战果。以后,吴起就被命为大将,负驻守西河地区的重责(关于吴起如何受魏文侯的知遇,《吴子》书中另有不同的记载,详见下文)。

公元前396年,即吴起适魏十三年后,魏文侯逝世,吴起仍继续向其子武侯效忠。但此时,魏国遂有很多人向少主进谗言,又由于他屡立战功,声望日隆,于是也就自然产生功高震主的效应。魏武侯对他态度日趋冷淡,吴起遂不自安,终于决定离魏国奔楚。

吴起投奔楚国时,楚悼王正在企图改革,看到吴起不禁大喜过望,遂命他为国相(令尹),负起改革(变法)的重任。这可以说是吴起一生中真正能够大展鸿图的时期。他所采取的政策为:"明法审令,捐不急之官,废公族疏远者,以养战士,务在强兵。"不久改革即开始生效,于是楚国遂能"南平百越,北并陈蔡,却三晋,西伐秦",国威大振。但吴起也引起了楚国贵戚大臣的怨恨,必欲去之而后快。

公元前381年,楚悼王暴卒,以阳城君为首的贵族集团乘机发动政变,吴起终遭杀害。

根据以上的叙述可以确认吴起在功业方面是有相当杰出的成就的。从四十岁到六十岁,都在忙于出将入相,然则他有无余暇来著书立说,也就不免大有疑问。但吴起的书在战国及秦汉时即已流行。在《汉书·艺文志》中记载有吴起的著作四十八篇。

《隋书·经籍志》、《通志·艺文略》,均作《吴起兵法》一卷。宋代晁公武在《读书志》中著录为三卷,并分为《说国》、《料敌》、《治兵》、《论将》、《变化》、《励士》六篇。《宋史·艺文志》、《文献通考》则均作三卷。宋神宗时所核定的《武经七书》则又分为上、下两卷,并将《说国》、《变化》两篇的篇名改为《图国》和《应变》。流传到今天的《吴子》

都是以《武经七书》为根据,即上、下两卷,各有三篇,全部约五千字。

从今本的内容上来观察,很容易发现这本书有很多的疑问。《汉书·艺文志》所著录者为四十八篇,而现在所存留者仅为六篇,甚至于在北宋时即已如此。换言之,如果原书确为四十八篇,则现存者应仅为其原有的八分之一,从篇数上来看,实在差异太大。因此,可以断言现存的《吴子》即令不是伪书,也只能算是残书。

现有的内容分为六篇,每篇各有一主题。每篇又分为若干段,每段之前的引语或为"吴子曰",或为"武侯问",并无一定的规则。而每段又自成一单位,彼此之间几乎毫无关系可言。所以,严格说来,那不是一本书,而只是一本语录。它不是由一位作者根据其思想和逻辑所独立写成,而只是一种对个人的观念或谈话所留下的记录。

还有一点疑问似乎是过去无人注意的。吴起在魏国用事大部分都是在魏文侯时代,但书中的问对都是"武侯问",完全没有与文侯谈话的记录,这实在令人有些费解。也许唯一的解释即为在已经佚失的部分中(应该还有四十二篇),会有吴起与魏文侯的对话记录(现存本中只有在《图国》篇之首,曾描述吴起初见文侯的情形)。

武经本把全书分为上、下二卷,每卷三篇,这又多少还是有其逻辑上的理由。上、下两卷是各有其思想焦点,而且分属两个不同的层面。上卷是以《图国》为焦点,图者谋也,所以属于国家战略的层面,而其余两篇则居于附属的地位。下卷是以《论将》为焦点,属于军事战略的层面,其他两篇(《应变》与《励士》)则又都与将道有关,可以说是《论将》的延伸。

基于以上的分析,可以认知《吴子》之书虽已残缺不全,但所留存部分又还是把国家战略和军事战略两个层面都包括在内,对于现代战略的研究实不无参考价值。全书内容只是思考或谈话的原始资料,当然缺乏完整的组织和体系,所以,就书论书,自然不足以与《孙子》十三篇相提并论。不过,此种论断又只是指现存的六篇而言,也许吴起的确曾经留下很多有价值的思想遗产,但可惜绝大部分都已经散佚。

作成现存记录的人是谁?似乎不一定是吴起本人,也许是出自其幕僚或门弟子之手,但也可能是后世作者依据传说而假托成书。姚际恒①早就认为:"今之六篇,其论肤浅,出于后人之伪托。"关于真伪的问题曾有很多争论,在此不拟详述,但姚际恒认为"其论肤浅",则有辨正之必要。

仅以现存六篇而论,尤其是《图国》、《论将》两篇,其中有若干观念确为创见,其思想之深入甚至有过于孙子。姚际恒居然以肤浅二字来作概括之论,适足以显示他自己未免太肤浅。

综合言之,《吴子》一书虽已残破不全,而其中也可能有后人伪造部分在内,所以也许不能代表吴起思想的全貌,但其中有若干观念不仅确有创见,而且更能对后世提供非常重要的教训,则又毫无疑问。尤其是从事战略研究的学者所应重视者不是真伪的考证,而是思想的分析。

目前对中国战略思想史的研究,往往有过分重视孙子而忽视其他诸子的趋势。诚然,孙子是所谓"兵圣",其思想值得特别重

---

① 姚际恒(1647—约1715年),字立方,一字首源,安徽休宁人,寄居浙江仁和(今杭州)。折节读书,涉猎百家,最初好作诗,后专心治经,历十四年而成《九经通论》的撰述。又著《庸言录》,书末附《古今伪书考》,辨经、史、子三类中有伪书六十九种,真书杂以伪者十种;非伪书而作者伪者七种;书非伪而书名伪者二种;未能定其著书之人者四种。又指出《十翼》为伪书,又谓周、张、程、朱等道学皆出于禅宗,是清初最勇于疑古的学者。纪昀在《四库全书总目提要》称"际恒生于国朝初,多从诸耆宿游,故往往剽其绪论"。另著有《尚书通论》《礼经通论》《诗经通论》《好古堂书目》等,其中《诗经通论》是清初疑古派《诗经》学的代表作。——编者注

视,但并非谓中国传统兵家著作中,已无其他应加以深入研究的对象。至少古人都是孙吴并称,所以当大家都在崇拜孙子之际,我们也不应冷落了吴子。

《吴子》卷上

一、《图国》

《吴子》全书中最值得重视的即为其第一篇《图国》,那也代表了《吴子》战略思想的最高境界,实可谓全书的精华。这一篇以叙述吴起首次见魏文侯时的情况为开始。

"吴起儒服以兵机见魏文侯,文侯曰:寡人不好军旅之事。"吴起儒服是暗示其学与儒家的关系,而且也非纯粹的军人,但魏文侯最初对他的态度并不友善,有拒人于千里之外的味道。于是吴起立即作了一番说辞,并终于使文侯感动。其说辞中的警语是:

"昔承桑氏之君修德废武,以灭其国;有扈氏之君恃众好勇,以丧其社稷。明主鉴兹,必内修文德,外治武备。"

"内修文德,外治武备"即为吴起的思想核心,表示他重视政治与军事之间的平衡,并作总体性的考虑,而不偏重某一方面。所以,其书之首篇名为"图国",用现代语来表示,即为国家战略的分析。

然则如何图(谋)国?吴起提出其基本方针:"昔之图国家者,必先教百姓而亲万民。"简言之,教育是第一要务,其目的则为培养全民的亲与力。于是他又提出所谓"四不和"的观念:

(一)不和于国不可以出军;

(二)不和于军不可以出陈(阵);

(三)不和于陈不可以进战;

(四) 不和于战不可以决胜。

因此,吴起的结论为:"是以有道之主,将用其民,先和而造大事。"

吴起遂进一步讨论到方法问题。他又提出四个基本观念:

(一) 道者所以反本复始;

(二) 义者所以行事立功;

(三) 谋者所以违害就利;

(四) 要者所以保业守成。

并且特别强调:"凡制国治军必教之以礼,励之以义,使有耻也。夫人有耻,在大足以战,在小足以守矣。"

非常明显,从吴子的书中可以感受到其深厚的儒家气息。老夫子不是像他一样地重视"有耻"吗?

吴子对战争采取非常慎重的态度。他明白指出胜利含有内在的危险,甚至于可以导致亡国的后果。他提出警告说:"然战胜易,守胜难。故曰:天下战国五胜者祸,四胜者弊,三胜者霸,二胜者王,一胜者帝。是以数胜得天下者稀,以亡者众。"

现在就要讨论到吴子在中国战略思想史中最具有特色的观念,甚至于可以说是前无古人,后无来者。中国古代兵家几乎从未有人注意到战争起因和性质的问题,也许只有吴起为例外,甚至于孙子也应自叹弗如。现在就将吴子的原文引述如下:

> 吴子曰:凡兵之所以起者有五。一曰争名,一曰争利,三曰积德恶(恩怨),四曰内乱,五曰因饥。其名又有五。一曰义兵,二曰疆(强)兵,三曰刚兵,四曰暴兵,五曰逆兵。禁暴救乱曰义,恃众以伐曰疆,因怒兴师曰刚,弃礼贪利曰暴,国乱人

疲,举事动众曰逆。五者之数,各有其道。义必以礼服,疆必以谦服,刚必以辞服,暴必以诈服,逆必以权服。

也许可以说,吴起好像是我国古代的克劳塞维茨,因为他这一段文章可以算是一篇简明的"战争论"。首先分析战争的起因;其次对战争分类和定名,并对每一类战争的性质作简明的界定;最后再概述对于五种不同的战争,应用何种手段(方法)来加以克服。此种对战争起因和性质所作的分析,虽然不免简略,但在中国古人的学术著作中,却可以说是绝无仅有。所以仅凭这一点,似乎即足以奠定吴子在战略思想史中的不朽地位。

《图国》篇到此为止,每段都是以"吴子曰"为引语,而且就逻辑来说,前后也大致都有连贯的关系。因此,这一部分很可能为吴起所留下的原始资料或遗稿,但以下还有三段,其内容则明显地有所差异。

第一段是武侯问曰:"愿闻治兵,料人,固国之道。"这是一个内容非常广大的问题,但吴起的回答则只注重一点:"强国之君,必料其民(人)。"何谓料民?用现代语来解释即对于全国人力作一评估,依照其才能加以分类共有五项:

(一)民有胆气勇力者。

(二)乐以进战效力以显其忠勇者。

(三)能逾高超远,轻足远走者。

(四)王臣失位而欲见功于上者。

(五)弃城去守而欲除其丑(羞)者。

这五种人都会奋勇作战,所以是"军之练锐(精锐)"。有这种精兵三千人,则"内出可以决(突)围,外入可以屠城矣"。

这是吴起的精兵主义思想在其书中的首次出现。更值得注意的是"决围"和"屠城"的文字,因为足以显示战争形态的演进和孙吴二子时代背景之不同。孙子在其书中明白指出"攻城之法为不得已",经过长期的准备,付出重大的成本,而"城不拔"则更是一种灾难。所以孙子非常反对,甚至于厌恶攻城。这当然又与时代背景有关,孙子是春秋后期的人,那时攻城的技术远不如守城的技术,所以,孙子才会认为那是不得已的下策。到吴起的时代,历史已由春秋进入战国,战争形态已有很多改变,而城的攻守也成常见的现象。从吴子所用"屠城"两字看来,即可以想见当时战争的惨烈,简直是惨无人道。

第二段为武侯又问:"愿问陈(阵)必定,守必固,战必胜之道。"吴子只作了简单的回答:

(一)君能使贤者居上,不肖者处下,则陈已定矣。

(二)民安其田宅,亲其有司,则守已固矣。

(三)百姓皆是吾君而非邻国,则战已胜矣。

回答虽然简单,但也可以显示吴子深知国内政治基础对国家安全、战争胜负具有决定性影响。这也证明在这一点上,孙吴二子的思想实不谋而合。

第三段也是《图国》篇的最后一段,所叙述的为一小故事。魏武侯在与群臣讨论国事时,感觉到群臣都不及他,遂不免有喜色。吴起就引楚庄王为例,向他告诫:"此楚庄王之所忧,而君说(悦)之,臣窃惧矣。"于是武侯有(惭)色。这段故事与战略思想无关,但可以显示吴起的直言敢谏,不过,也显示武侯不如其父,可能构成吴起终于不得不去魏奔楚的幕后理由。

《图国》篇是吴子全书中最完整的一篇,也是最精彩的一篇,足以代表其对于国家战略的若干创见,可以算是其思想的结晶。

二、《料敌》

《吴子》的第二篇为《料敌》,用现代语来表达即为情报。战略必须以情报为基础,这也表示孙、吴二子所见略同。当时天下已分为七国,而魏国则居于中央位置,四面都受威胁。所以,武侯谓吴起曰:"今秦胁吾西,楚带吾南,赵冲吾北,齐临吾东,燕绝吾后,韩据吾前。六国兵四守,势甚不便,忧此奈何?"

面对诸如此复杂的问题,吴起又应如何作答?他首先概括地提出一个基本观念:"夫安国家之道,先戒为宝。今君已戒,祸其远矣!"

孙子曰"先知",吴子曰"先戒",他们所重视同样都是那个"先"字。简言之,他们都同样具有未来意识,前瞻导向。二者之间又是相辅相成,相得益彰。先戒必须先知,先知的目的即为先戒。若不能先戒,则先知又有何用?

在提出基本观念之后,吴子遂开始解答现实问题,他所采取的方法非常合理,充分表现出其治学的科学精神。吴起首先分别探讨各国的民族性,并分析形成此种民族性的环境和背景,然后再断定各国的民族性对于其军事组织(陈)会造成何种影响。最后,基于此种敌情研判,提出应如何应付的对策。虽然古人文辞是比较简略,不易了解,但其所显示的基本步骤,则可以说与现代战略家所采取的几乎完全一样。

由于全文太长,现在只引述齐国为例来说明吴子的分析步骤:"齐性刚,其国富。君臣骄奢,而简于细民,其政宽而禄不均。"这是对齐国民族性及其形成原因的分析,所以,"一陈两心,前重后轻,故重而不坚"。这是基于以上的分析而对齐阵（战斗序列）所作的研判。最后,吴子才提出其对策:"击此之道必三分之,猎其左右,胁而从之,其陈可坏。"

对于其他五国,吴子也都逐一作了同样的分析和研判。不要说是在古代,即令在今天,我们对他的思想精密,态度严谨,也都应表示莫大的敬佩。

吴子又提出两种极端的情况:(1)凡料敌有不卜而与之战者;(2)有不占而避之者。前者可分八类,后者可分六类。吴子所说的"卜占"并不带有迷信的意味,而只是表示考虑的慎重。他认为有某些情况是应该"击之勿疑",另有某些情况是应该"避之勿疑"。所以必须立即采取行动。既然无疑,也自然不必占卜(不疑何卜)。于是其结论曰:"见可而进,知难而退。"他的话与孙子所说"合于利而动,不合于利而止",也正是异曲同工,若合符节。

三、《治兵》

这一篇的主题,用现代名词来表示即为"作战",也就是孙子所谓"用兵"。武侯问:"进兵之道何先?"吴起认为应"先明四轻,二重,一信"的原则:

（一）四轻:地轻马,马轻车,车轻人,人轻战。

（二）二重:进有重赏,退有重刑。

（三）一信:行之以信令制远。

只有"四轻"应再略作解释:

（一）明知阴阳则地轻马:若能明了地形的险易,则马就可以便于奔驰。

（二）刍秣以时,则马轻车:马吃饱了则不会感到车重。

（三）膏锏有余则车轻人：车有好的维护，则便于人员驾驶。

（四）锋锐甲坚则人轻战：武器精良则人员勇于战斗。

现在就要进入本篇的主题。武侯问："兵何以为胜？"吴起对曰："以治为胜。"又问："不在众寡？"对曰："若法令不明，赏罚不信，金之不止，鼓之不进，虽有百万何益于用？"

吴起是精兵主义者，他认为决定因素不是数量，而是"治"，治的意义即为组织，也就是管理。他说："所谓治者，居则有礼，动则有威，进则不可当，退则不可追……投之所往，天下莫当，名曰父子之兵。"

吴起又非仅知管理，也同样善于用兵。敢于冒险，强调速决。他指出："凡兵战之场，立尸之地，必死则生，幸生则死。其善将者，如坐漏船之中，伏烧屋之下，使智者不及谋，勇者不及怒，受敌可也。**故曰：用兵之害，犹豫最大，三军之灾，生于狐疑！**"这一段话真是千古名言，尤其是最后两句对于古今中外的指挥官都是永恒的警告。

这一篇最后一段中，吴子大谈马经，表示他对养马用马之道大有研究，实在令人深感诧异。吴起为何如此重视马？在古代战争中，马是一个非常重要的因素，马政是否受到重视，对国运的兴衰具有重大影响作用。所以，吴子的确具有远见，他在战国初期即已知马之重要，并预言："能明此者，横行天下。"

《吴子》卷下

四、《论将》

依照《武经七书》本，《吴子》卷下也是分为三篇，而以《论将第四》为核心，其他两篇则只是这一篇的延伸。卷上以国家战略为主题，而卷下则以军事战略为主题。军事战略的主管就是"将"，所以应首先论将。

孙、吴二子都同样重视将在战略领域中所扮演的角色。不过，他们的意见又并非完全一致，而是有同有异，所以，若合而观之，则似乎更能使后世了解先贤将道的精义。

孙子把"将"列入其"五事七计"之中，而且在"主孰有道"之后就立即考虑到"将孰有能"，足以证明孙子认为将在战争中的地位是仅次于主。所以，他说"将者国之辅也"，而且又说"国之宝也"。

吴子不仅像孙子一样地对"将"表示极端重视，而且更强调将必须是文武全才。他说："总文武者军之将也，兼刚柔者兵之事也。"吴起特别指出，"凡人论将，常观于勇"，但他却认为"勇之于将乃数分之一耳"。同时他又指出："夫勇者必轻合，轻合而不知利，未可也。"换言之，匹夫之勇反而足以误事。孙吴观点颇为类似，都不过分强调"勇"之重要，这是他们与克劳塞维茨之间的重大差异。

吴子认为"将之所慎"也就是必须注意的因素有五点：

（一）理（管理）——治众如治寡。

（二）备（准备）——出门如见敌。

（三）果（果断）——临敌不怀生。

（四）戒（警戒）——虽克如始战。

（五）约（简单）——法令省而不烦。

此乃吴子所独创的一套原则，非常有系统而富实用价值，足以流传千古。若与孙子的"五德"（智、信、仁、勇、严）相配合，则孙子所言为体，吴子所言为用，可谓相得益彰。

吴子又首创"四机"和"三威"的观念，何谓四机？用现代语来解释：

（一）气机——提高士气，振奋军心。

（二）地机——了解地理，善于利用。

（三）事机——使敌方君臣相怨，上下相咎。

（四）力机——武器精良，士马习战。

所谓"机"者含有机智与机会的意义，良将应能发挥其机智，以来捕捉胜机。

何谓"三威"？吴子曰：

（一）鼙鼓金铎所以威耳。

（二）旌旗麾帜所以威目。

（三）禁令刑罚所以威心。

简言之，军事组织必须有良好的指挥通信系统和严格的法令规章，这样始能使全军上下对战略环境不会产生误解，对上级命令能够彻底执行。所以吴子曰："将之所麾，莫不从移，将之所指，莫不前死。"

最后，吴子又认为："凡战之要必先占其将而察其才。"简言之，在未战之前，应先评估敌将的才能。这样始能"因形用权，不劳而功举"。由此可知吴子是像孙子一样，对用兵是采取非常慎重的态度的。

吴子又把将才分为两类，其一为智将，其二为愚将。假使敌将为智将则勿与战；假使敌将为愚将，则他虽握有数量优势，还是能将其击败（虽众可获）。吴子的思想与孙子非常接近。孙子认为"古之所谓善战者，胜于易胜者也"。换言之，不要花太大的力量即能很轻松地将敌人击败。这也是他所谓"胜兵先胜而求战"的理由。

孙子在其中也曾使用"智将"这个名词。《作战》篇中有"故智将务食于敌"之句,但其意义与吴子所谓智将者并不相同,而且也未将智将与愚将作相对的分类。所以,把将分为智愚两类实乃吴子的创见。

五、《应变》

《论将》篇虽不如《图国》篇那样重要,但同为吴子全书中的最精彩部分,尤其是篇中有很多新创的观念和独到的见解,所以相当值得重视。第四篇之后的第五篇,名为《应变》,就逻辑而言,实乃前篇之延伸。在战争中不可能一切都照规律行事,而必然会遭遇到各种不同的变局,所以为将者必须要有应变的才能和方法。因此,吴起在对将道作概括的讨论之后,遂进一步分析各种不同的变局,以及应变的方法。

不过,吴子的时代距离现在实在太远,所以,他所列举的各种情况,自今日视之,多已与现实脱节而无实用价值。因此,只拟略举二例以来说明此篇的内容。

(一)武侯问曰:"卒遇敌人,乱而失行,则如之何?"意即突然遭到奇袭应如何应付。吴子对曰:"凡战之法,昼以旌旗幡麾为节,夜以金鼓笳笛为节。"何谓节？节就是节制,也就是现代军语中的"管制"。部队若有适当的管制,则"三军服威,士卒用命",自然不害怕奇袭,也不至于发生混乱。

(二)武侯问曰:"若敌众我寡,为之奈何?"吴起对曰:"避之于易,邀之于厄。"其理由很简单。不在平易之地与敌交战,不让他发挥数量优势。在险阻的地方待敌,也就能以少击众。结论为:"用众者务易,用少者务隘。"

《应变》篇的讨论仅以此为限,其余细节则从略。

六、《励士》

《励士》篇是全书最后一篇，一共只有一段，但篇幅很长。其所述的内容，不一定可信，不过却能显示吴子思想中的一个基本观念。

武侯问："严刑明赏足以胜乎？"吴起对曰："严明之事，臣不能悉（并无研究），虽然非所恃也。"于是他列举三事，认为那才是"人主之所恃也"。

（一）发号布令而人乐闻。

（二）兴师动众而人乐战。

（三）交兵接刃而人乐死。

武侯接着就问："致之奈何？"吴起的回答是："君举有功而进飨之，无功而励之。"换言之，即嘉奖有功以鼓励无功。

于是武侯在朝廷设盛筵飨士大夫，分三行依照功绩上下入座，并分别给予赐赏。行之三年，秦兵入侵西河，魏国人员都不待命令，奋起应战。武侯遂向吴起说："子前日之教行矣！"

这固然是一个莫须有的故事，但足以显示吴子的基本思想，他重视教育，认为鼓励比赏罚有效。孔子曰："道之以政，齐之以刑，民免而无耻，道之以德，齐之以礼，有耻且格。"吴子之思想与孔子完全相同，可以显示他是儒家的弟子。

结　　论

自古孙吴并称，在中国军事思想史中，同为旷代宗师。现在就以二子之比较来作为本章的结论。孙吴二子是两个不同时代的人,相距约百余年。他们的思想来源也不相同。孙子出生于齐,吴子出生于鲁。孙子为齐学的正宗,吴子则为鲁学的别派。

我国兵学,源远流长,但有史可考的起点似乎应为西周。武王伐纣有两位重要助手,一为太公,另一为周公。周朝建立后,太公封于齐,周公封于鲁,并各传其所学,这也就是所谓齐学与鲁学的由来。从现代战略的观点来看,太公之学以军事战略为主,周公之学以国家战略为主。

以兵学为主轴的齐学自太公之后,由于管仲、孙武、司马穰苴①、孙膑等人的传授,而成为我国古代战略思想的主流。反而言之,鲁学自周公到孔子,遂演进为儒家思想。儒家并非不知兵,而更有其治国、平天下的大战略思想,但可惜不曾受到后世的重视。

吴起学于鲁,以孔门再传弟子为师,充分显示其思想是以儒家为基础。他在初见魏文侯时所说的"内修文德,外治武备",足以证明他不仅是一位军事战略家,而更是一位国家(大)战略家。

《孙子》十三篇大致说来是一部相当完整的书,所以从其书中,后世对他的思想可以获致正确的认识。吴子却是一本残书,而且其内容也只是语录,并非具有逻辑系统的书。就书论书,吴子的地位实在是不足以与孙子相比拟。尤其是现存者仅为六篇,而其中较能明白显示吴起思想特点者又只有两篇,所以,仅以现有的版本

---

① 田穰苴(生卒不详),又称司马穰苴,春秋末期齐国人,是田完(陈完)的后代,齐田氏家族的支庶。

田穰苴是继姜尚之后一位承上启下的著名军事家,曾率齐军击退晋、燕人侵之军,因功被封为大司马,子孙后世称司马氏。后因齐景公听信谗言,田穰苴被罢黜,未几抑郁发病而死。由于年代久远,其事迹流传不多,但其军事思想却影响巨大。

唐肃宗时候将田穰苴等历史上十位武功卓著的名将供奉于武成王庙内,称为武庙十哲。宋徽宗时追尊田穰苴为横山侯,位列宋武庙七十二将之一。著有《司马法》,入选武经七书。——编者注

为基础,实不足以显示吴起思想的全貌。

再从时代的观点来比较,孙子为春秋后期人,大致与孔子同时,吴起为战国初期人,彼此相距约百余年。春秋战国之际在我国历史上是一个变动相当迅速的时代,所以,他们两人所面临的时代背景、社会生活都有很大的差异,这当然也对其思想产生重大的影响,并在著作上留下深刻的烙印。

春秋后期的军事制度还是以贵族(士大夫)为主力,他们的社会地位、所受教育大致类似,而平民对于战争只作边际性的参加,也不受到重视。到战国初期,军事部队的数量大增,贵族的比重降低,而平民(步兵)变成主力。所以吴起在其书中强调"和"、"教"、"治"等观念,而在孙武的书中则对于它们并不曾给予同样的重视。

吴子是精兵主义者,认为素质比数量远较重要,但孙子则与克劳塞维茨的想法相同,认为数量优势,尤其是决定点上的压倒优势即为胜利的保证。这又与时代背景不无关系。孙子时代的各国兵力在素质上大致相等,所以可以凭数量优势一决胜负;吴子时代各国兵力改由老百姓组成,素质良莠不齐,所以国家内部团结(和)、教育程度,以及军事组织的管理(治)变成了决胜的基础。

基于以上的分析,应该可以获得两点重要结论:

(一)吴子的战略思想是一个很值得深入研究的主题,但可惜的是其书已残缺不全。我们真希望有一天能够从地下掘出较完整的吴子全书。

(二)研读古人战略思想著作,必须首先了解其思想来源、时代背景,否则即可能产生误解,而这也正是当今学人所常犯的错误,愿与读者共勉之。

第二章
孙膑：孙子第二

引言
两位孙子
　银雀山宝藏
　三十篇摘要
战略思想
　一、兵者不可不察

二、必战有道乎？
三、必攻不守
四、兵势不穷
五、莫贵于人
结论

引 言

近年来，西方学术界研究我国古代经典名著的风气颇为盛行。以兵学而论，《孙子》十三篇已有多种不同的英译本，《武经七书》也有全部的译本，至于研究孙子的论著则更是不胜枚举。不过至少有一本书似乎一直不曾受到西方学者的注意，那就是《孙膑兵法》。

《孙膑兵法》的英译本已在美国出版。译者为克里芮（Dr. Thomas Cleary），其书出版于1997年，书名为《遗失的战争艺术》（The Lost Art of War），并加副名："孙子第二"（Sun Tzu Ⅱ）。其内容即为银雀山竹简本的译文。

本章的目的并非企图介绍或评论《孙膑兵法》英译本，而是由于看了这本书之后，开始引起进一步研究《孙膑兵法》的兴趣，并准备将所得提供给读者作参考。事实上，国内研究《孙膑兵法》的学者和著作都非常稀少，所以，这也不失为一个值得研究的主题。

两 位 孙 子

英译本称孙膑为"孙子第二"不无理由。太史公司马迁在其《史记》中并未为孙膑单独立传，而将其附录在《孙子吴起列传》之内。《汉书·艺文志》著录有《齐孙子》八十九篇，足以证明古人亦称孙膑为"孙子",不过加一"齐"字以示与孙武有别,至于孙武则称"吴孙子"。竹简本的《孙膑兵法》中也经常有"孙子曰"的说法。基于以上的实例,似乎可以确认我国历史中有两位孙子,其一为《汉书·艺文志》所称的吴孙子,也就是孙武;另一则为同书所称的齐孙子,也就是孙膑。

孙武和孙膑虽同称为孙子,但《史记》对他们生平事迹的记载则有很大的差异。《史记》一书在我国正史中居于首席地位,其所记载被后世视为可信,因此,从事历史分析的学者也必须以其为依据。

《史记》对孙武的记录非常简略。我们对孙武的生平所知实在非常有限,若概括加以列举,似乎只有下述四项:(1)孙武曾以兵法见吴王;(2)孙武以妇人作勒兵[①]的试验;(3)吴王卒以为将;(4)孙武对吴国的武功与有力焉。

严格说来,除第二项《史记》有相当戏剧化的描写以外。其他都是语焉不详。尤其是对孙武的身世生死都毫无记述。至于怒斩美姬的故事虽为人所乐道,但事实上可信度极低。司马迁虽然是我国的首席史学家,但其治学态度并不太严谨。这也与古代希腊的第一位史学家希罗多德(Herodotus,484-430B.C.)类似,其记载是以个人兴趣为主,而缺乏客观标准。

孙膑在《孙子吴起列传》中虽然属于附录的地位,但司马迁对孙膑一生事业的记载,比之孙武却又远较详细。以后更成为历史小说《东周列国志》中所描述的基础。因为有小说宣扬,所以孙膑在后人心目中的知名度遂超过孙武甚远。

---

① 这里指治军、操练或指挥军队。——编者注

除生年死月以外,《史记》对孙膑的重要事业可以说都有相当详尽的记载,包括的内容可以逐项列举如下:

(一)时代:孙武死后百余年。

(二)出生地:膑生于阿鄄之间。

(三)家世:膑亦孙武之后世孙也。

(四)学历:尝与庞涓俱学兵法。

(五)与庞涓的恩怨:在魏国受膑足之刑,幸能逃回齐国。

(六)齐将田忌心善而客待之:献赛马必胜之计,于是忌进孙子于威王。威王问兵法,遂以为师。

(七)创造中国战争史中"围魏救赵"的范例:桂陵之战中(公元前354年)大败魏军。

(八)后十三年(《史记》记载为十五年),孙膑又赢得马陵之战(公元前341年),庞涓自刎。

(九)孙膑以此名显天下,世传兵法。

这样的记录,以古代的标准来评估,可以说是很详尽。假使以现代治学方法加以分析,也许只有下述三点有质疑之余地。

(一)《史记》认为庞涓是在马陵之战中自知智穷力竭,遂自刎而死。但竹简《孙膑兵法》本的第一篇《擒庞涓》所记载的内容则为:"孙子弗息而击之桂陵,而擒庞涓。"两者之间显然有矛盾存在。

(二)《史记》虽指出孙、庞二人同师学艺,但并未说明其师何人。后世所称的"鬼谷子",《史记》毫无记录。

(三)《史记》虽云"世传兵法",但对兵法内容毫无说明,反之,对孙武的记述虽远较简略,但至少曾假吴王之语说明其兵法为十三篇。

上述三点又以第一点较为重要,因为那足以影响史实记载的正确与否及现存古籍的真伪。

假使说竹简本的记载无误,则《史记》的记载也就错得太离谱,因为桂陵与马陵两次会战相距有十三年之久,而且被俘与自杀也完全不同。但从《史记》的记载上看来,似乎不太可能发生如此严重的错误。于是唯一可能的结论即为现在所留下来的竹简本,其真伪不免尚有疑问。

不过,无论其真伪如何,已经失踪千年的先秦古籍竹简从古墓中出土,就文化史的观点来看,应该算是一件大事,而此种发现值得深入研究也自无疑问。

银雀山宝藏

《汉书·艺文志》不仅著录有《齐孙子》,而《汉书·陈汤传》更曾引用书中原文,足以证明是书在西汉时尚有人阅读和引述。但自东汉以后,《齐孙子》(即《孙膑兵法》)开始失传,于是也就引起很多的猜测和争论。有人认为孙武和孙膑实为一人,换言之,只有一位孙子,并无两位孙子。又有人认为《孙子》(十三篇)即为孙膑所著,所以也就不可能还有《孙膑兵法》(《齐孙子》)之存在。这些争论一直存在,但也终于有了结论。

1972年,在山东省临沂县银雀山的西汉古墓中发掘出许多古物,其中有从西汉时代遗留下来的竹简,经过整理后发现其中包括若干古代的书籍在内,从文化史的观点来看,真可算是国宝。而在兵学方面,又找到两种不同的《孙子》残简,更是极有价值的发现。

此种发现使千古疑案终于定谳。银雀山西汉古墓中的残简证明了下述两项结论：

（一）孙武和孙膑实为两人。

（二）他们各留有兵法传世。

银雀山出土的《孙膑兵法》竹简由于年代久远和发掘时的破坏,以至于残缺不全,实属可惜：经过专家整理,共得残简二百六十四枚,约一万一千字。依照内容将其分成三十篇,又编为上下两编,每编十五篇;每篇所残留的字数也各不相同,最多达到七百八十七字(《十阵》),最少只剩一字,例如未编入的《起师》篇,只存一个"王"字。由此推测,原书可能不止三十篇,全部字数也可能超过一万。

这就是文物出版社在1975年所出版的《孙膑兵法》。因为那是以残简为基础而编辑成书,当然缺乏一本书所应有的完整性。各篇体裁也不一致,有记叙体,有论说体,有问答体,而篇与篇之间也几乎毫无逻辑关系可言。所以严格地说,不能算是一本正常的书,而只是杂录而已。因此,可以断言原书并非出于一人之手笔,也许是孙膑的门弟子共同编辑而成。

书中各篇一部分有篇名,一部分则无篇名,这是由编者依照其对文义的认知所自拟。各篇所残缺字数也不一致,有若干篇尚可勉强了解其主旨,其他的则杂乱无章,以致无法了解。简言之,在汉古墓中的残简所编成的《孙膑兵法》不仅是一本残书,而且其残缺的程度也的确非常巨大。

1975年文物出版社出版的《孙膑兵法》分为上下两编,每编各十五篇。各篇的排列顺序是由编者自定,不过凡列入上编中的各篇,都用"孙子曰"或"威王问"及"田忌问"为引语,足以证明其内容为孙膑的言论；至于列入下编的各篇则均无此种引语,所以,负责整理残简的编者只能根据原文内容和文体,来断定其是否应该为《孙膑兵法》之一部分,因此,不久即有人开始对于下编各篇是否为《孙膑兵法》之一部分表示怀疑。

1985年"银雀山汉墓竹简整理小组"重新编订的《银雀山汉墓竹简(壹)孙膑兵法》一书出版时,将原有的下编完全移出,同时对于上编中十五篇的文字也作了若干变动,并增加《五教法》一篇。至于原有的下编全部移入《银雀山汉墓竹简(贰)佚书丛残》中,但在《银雀山汉墓竹简(壹)》的编辑说明中又指出:"这样处理也并不排斥其中有一些仍是孙书的可能性。"

虽然所谓下编,已被列于《孙膑兵法》的范围之外,但一般研究《孙膑兵法》的学者对这一点又多不表赞同。其原因有二:第一,现在留下来的残简本已很少,若再将下编移出,则留下来的部分也就很难算是一本书;第二,下编各篇在内容上与上编各篇又的确有若干思想脉络的联系,所以,在研究孙膑的战略思想时,至少可以视之为参考资料。基于上述理由,在研究孙膑的著作和思想时,还是应该把最初所认定的三十篇都包括在内。

三十篇摘要

银雀山古墓中的残简在1972年出土,到1975年始经过整理而出书,足以证明在整理时花了很大的工夫。尤其是对于内容的决定,有许多都是由整理者自行负责。譬如说,各篇有一部分本留有篇名,那是写在该篇第一简的背面,但又有若干部分并无原有的篇名,而现有的篇名则为整理者根据其对内文的认知而自行拟定的。前者例如第一篇"擒庞涓";后者例如第二篇"见威王"。

各篇的排列顺序及内文中部分字句的认定,也都是由编者自作决定,所以这本书的编成受到编者"自由心证[①]"的影响相当大。因此当我们研究《孙膑兵法》时,就只能就书论书,即不能确认原文都是出于孙膑的手笔,也不能以为孙膑所留下的遗著就只是这些残简而已。

现存由残简所编成的三十篇,其中被纳入"上编"的十五篇似乎已被公认为可信度较高,而且也较重要,尤其是前三篇不仅内容较为完整,而且也最能表达书中的主要思想。至于被纳入"下编"的部分是否为孙膑原作,虽早已为人所质疑,不过由于有关于孙膑的资料实在太少,而且就文论文,也可发现其与孙膑的观念不无关联,还是应该将其纳入研究范围之内。现在就将《孙膑兵法》现存三十篇的内容逐篇加以简要说明如下:

(一)《擒庞涓》

本篇内容为叙述齐将田忌听孙膑之计,赢得桂陵之战的经过。本篇虽列为第一篇,但显然不是孙膑本人所写,而是由他人所记述。尤其是把"擒庞涓"定为篇名,也与桂陵之战在时间上不相符合。实为重要的疑问。

(二)《见威王》

本篇竹简上原无篇名,篇名为整理者所自加,故加以括号以示

[①] 自由心证原则在外国法文献中往往被称为自由心证主义。自由心证原则是公法上的强行规范,不许当事人、公诉人合意变更或排除适用,也不许法官随意排除适用。自由心证原则的主要内涵是,法律不预先设定机械的规则来指示或约束法官,而由法官针对具体案情,根据经验法则、逻辑规则和自己的理性良心来自由判断证据和认定事实。自由心证(我国又称内心确信制度)是指法官依据法律规定,通过内心的良知、理性等对证据的取舍和证明力进行判断,并最终形成确信的制度。——编者注

有别,以下均照此例,不再说明。本篇内容为孙膑初见齐威王时,向威王陈述兵法概要的记述。这一篇相当完整,可以作为研究孙膑思想的重要依据。

(三)《威王问》

这是较长的一篇,内容也相当完整,并分为两段。前段为威王与孙膑之间的问答,根据双方兵力对比来讨论不同的战法。后段为田忌与孙膑之间的问答,其主旨说明"必攻不守"之原则。

(四)《陈忌问垒》

简文残缺。其现存部分的主要内容为讨论未筑垒时应如何部署兵力,属于较低层面,无太多价值。

(五)《篡卒》

本篇说明"兵之胜在于篡(选)卒"。并解释恒胜与恒不胜的理由。

(六)《月战》

本篇讨论战争胜负与天象(日、月、星)之间的关系,不无迷信之嫌,但又在篇首特别强调"间于天地之间,莫贵于人"的观念。战国时代阴阳五行之说本发源于齐国,孙膑会受其影响,也似属当然,不足为怪。

(七)《八阵》

本篇前段说明"王者之将"所应必备的条件,其所见与乃祖(孙武)大致相同。后段则分析用"八阵"时应如何根据敌情和地形来部署兵力。

(八)《地葆》
本篇讨论地形在战争中的利用,其内容又多少与五行之说有关。这也是孙膑与孙武之间的一种显著差异,在春秋后期,五行之说尚未流行,而孙武又是一位完全拒绝迷信的人。

(九)《势备》
本篇篇名很难解释,其内容则分别以剑、弓弩、舟车、长兵四物为比喻,以说明阵、势、变、权四种因素在战争中的运用。

(十)《兵情》
本篇分别以矢、弩、发三者来作为士卒、将领、君主之比喻。并认为必须三者都合乎要求,然后始能战胜,很有趣味;孙膑此种观念与克劳塞维茨在《战争论》中论战争性质三位一体的理论非常近似。这一篇又可能只是前篇的后段,所以竹简上无篇名。

(十一)《行篡》
本篇大致讨论如何能使全国军民在战争中同心协力,保卫国家。因为篇中有"篡贤取良"之语,所以可能为命名的理由。

(十二)《杀士》
全篇残缺过甚,其大意为用严刑峻法治军,不惜多所杀戮。

（十三）《延气》

本篇列举激气、利气、厉气、断气、延气五种不同的运作，并强调激励士气之重要。

（十四）《官一》

本篇残缺过多，难以了解，内容大致为对于各种阵法的探讨。

（十五）(《强兵》)

内容颇有疑问，其大意似为强调富国强兵之本。

（十六）《十阵》

本篇为全书中最长的一篇，也是被列为下编中的第一篇。其内容为说明十种不同阵法的特点和应用。

（十七）《十问》

本篇采取问答方式，来探讨十种不同的情况及在每种情况中的特殊战法。

（十八）《略甲》

本篇简文过分残缺，无法了解其内容。

（十九）《客主人分》

本篇主要目的为解释用兵有主客之分。但无论为客为主，均有其取胜之道，故曰胜有道，有道之将必先(胜)。

（二十）《善者》

本篇所谓"善者"即指善战者而言，如何能善者，其条件即必须掌握主动而不可陷于被动，亦即孙武所云："致人而不致于人。"

（二十一）《五名五恭》

依照竹简原文，"五名"和"五恭"本分为两篇，但每篇都非常简短。残简整理者认为两篇在性质上实可合并，所以将其联成一篇，而将其改名"五名五恭"。

（二十二）（《兵失》）

本篇内容单纯，即以用兵时可能导致失败的各种因素为分析目标。

（二十三）《将义》

本篇指出将必须具有义、仁、德、信、智五种品质，其所列举的项目与孙武的"智、信、仁、勇、严"略有不同。

（二十四）（《将德》）

本篇内容不完整，其内容大致为说明将所应有的德行。

（二十五）《将败》

本篇内容为逐项说明足以导致失败的因素本应为二十项，但原文缺少五项，故仅余十五项。

（二十六）（《将失》）

本篇分析各种足以使将战败的客观因素，共分三十二项。

（二十七）（《雄牝①城》）

本篇说明城有雄牝之分，前者不可攻而后者可击。

（二十八）（《五度九夺》）

本篇说明作战时应避免的不利条件"五度"及应夺取的有利目标"九夺"。

（二十九）（《积疏》）

本篇说明六种不同的相对观念，即积疏、盈输、径行、疾徐、众寡、逸劳。这是书中比较具有哲学意味的一篇。

（三十）《奇正》

本篇专以奇正相生的观念为分析目标，与孙武的思想有连锁关系。

上述三十篇为今本的内容，都是由负责整理残简的大陆学者所编定，所以其完整性和可信度自然不能令人感到满意。不过，除非能有更多的资料继续被发现，否则对《孙膑兵法》的研究也就只能以竹简本为唯一的依据，尽管又早已有人对三十篇中的某些部分的真伪感到怀疑。

---

① 牝 pìn，雌性的鸟或兽。本节专门论述利用地形设防以及攻守问题。把设防的城池分为两类：易守难攻的叫做雄城，易攻难守的叫做牝城，并相应地指出了在哪些地形条件下建的城叫雄城，在哪些地形条件下建的城叫牝城。孙膑的这些论述在军事上有两方面的作用：一是供用兵之人在筑城建垒时作为选择地形的参考，聪明的将领便会选择孙膑说的那些构成雄城的地形条件的地方去筑垒建城；二是在进攻时供用兵之人选择攻击突破点作参考，聪明的将领应该选择那些易攻难守的地方作为攻击突破口，而不能轻易去攻击易守难攻的雄城，以避免进攻受阻或消耗损失过大。——编者注

第二章　孙膑：孙子第二

战　略　思　想

　　银雀山出土的残简虽已经整理而编成长达三十篇的《孙膑兵法》，但在内容上还是与《孙子》十三篇有很大的差异。首先必须强调，《孙子》十三篇是一本完整的书，即令照现代的标准来评估还是如此，全书具有完整的思想体系，书中十三篇的排列有其合理的逻辑，从头到尾贯彻始终。所以，其书不仅好读，容易记忆，而且也易于了解，这也正是《孙子》十三篇能够流传后世、不至于佚散的主要原因。

　　对比言之，古代原有的《孙膑兵法》全貌今天固然已经看不见，但仅就现在新编的《孙膑兵法》而论，那只是一部不完整的残书，则又毫无疑问。不仅书中各篇先后排列几乎完全没有逻辑顺序可言，而且从全书内容中也很难发现其有所谓思想体系之存在。

　　因此在战略思想层面上，孙膑的地位似乎很难与他的祖先（孙武）相提并论；即令如此，从现存的断简残篇中还是可以发现孙膑仍有其独特的战略观念，姑不说有其完整的战略思想体系。但由于资料的缺乏，孙膑的战略思想也就一向很少有人作较深入的研究，这也的确令人引以为憾。

　　《孙膑兵法》全部虽有三十篇，包括所谓下编十五篇在内，但事实上，其中只有少数几篇从内容中可以辨认出孙膑的基本战略观念，而其中最值得重视的又只有《见威王》和《威王问》两篇。这两篇不仅内容较为完整，而且的确明白表现出孙膑所特有的见解，甚至于达到超越孙武的境界。现在就把这些特点分别提出，并逐项分析如下。

一、兵者不可不察

孙膑首次见威王时，即明确说明其对战争的基本认知，他像孙武一样指明"兵者不可不察"。但为何不可不察？孙武只说明概括的理由："兵者国之大事。"孙膑所作的解释则远较精密。他指出战争胜负无常。战胜则可"存（在）亡国，继绝世"。战败的结果可能即"削地而危社稷"。两相对比即可明了战争的重要和战胜的必要。

这样的比较，似乎可以证明两位孙子的基本观念大致相同，不过孙膑又提出一项相对观念，是孙武所不曾明言者。孙膑明白指出，尽管战争重要不可不察，但他提出严重警告："乐兵者亡……兵非所乐也。"

孙子虽也说"主不可以怒而兴师，将不可以愠而致战"（《火攻》篇），但那只是指明战争是理性的行为，而不可感情用事。孙膑的警告则远较严厉：凡是以战争为乐的政府必然会亡国，战争不是娱乐，战争是生死存亡的大事。为什么孙膑的警告会如此严厉？这似乎又与时代背景有关。

孙武的时代是春秋末期，大致与孔子同时，虽然有人说"春秋无义战"，但战争中还是能够继续保持君子之风。所以，大国之间虽然有争霸的战争，但又经常以尊王攘夷继绝存亡为号召，很少有霸主公开摆出穷兵黩武、爱好侵略的姿态。

孙膑的时代则已到战国中期，各国之间的权力平衡与春秋时代比较已经有了很大的改变。所谓"七雄"者都有统一宇内的雄心。因此，好战乐兵之风开始盛行，其结果即为天怒人怨民不聊生。这也是孙膑会直言无隐地提出"乐兵者亡"严厉警告的理由。

不仅如此,孙膑对他的思想又还有其更进一步的延伸:既然不应乐兵,则古先圣王又为何用兵?孙膑的回答是:他们并非不想用和平手段(责仁义,式礼乐)来达到其目的,但因为不可能,于是遂不得不用兵(不可得,故举兵绳之)。这样的结果即为:"战胜而强立,故天下服矣!"

很明显,孙膑对战争的认知要比孙武深入。古今兵书,包括《孙子》十三篇在内,都是以教人怎样打仗为主要目的,而很少说明战争是什么,尤其更少探讨国家为什么要战争的理由,近代西方只有克劳塞维茨,中国古代只有孙膑,也许可以算是例外。

孙膑要比克劳塞维茨在时代上早了两千年,但其思想却具有同等现代化价值。他重视战争对政治的贡献,并深知用兵之害,而提出"乐兵者亡"的警告。

二、必战有道乎?

《见威王》篇是《孙膑兵法》中最重要的一篇,因为其内容可以代表孙膑对战争性质的基本认知。除这一篇外,第三篇《威王问》所具有的重要性也似乎与之不分高下。《威王问》的内容分为两段,前段为威王与孙膑之间的问对,后段为田忌与孙膑之间的问对。所问答的主题都是对于个别的战争情况所应采取的对策,所以也就可以用"必战有道乎?"一语来作综合表达。

孙膑在其答案中所述者都是对于各种情况所应采取的对策,那就是所谓的"道",因此,这一篇的总结即为"战有道"。我国古文中的用字往往是一个字可以具有多种意义或解释,于是后世对其原意也就很易于产生误解和争论。此一"道"字即为明显的例证。

"道"字在《孙膑兵法》中所应采取的意义是最常用的意义,也就是原则或规律,并无任何神秘可言,但却有人故作玄想以为孙膑的思想与道家(老子)有关,从时代背景上来看,并不具有可能性。

三、必攻不守

在答田忌问中,孙膑又提出一项曾经惊世骇俗的"新"观念,即为"必攻不守"。有人认为此语似不合理,又有人称誉它是孙膑的独特见解,值得特别重视。事实上,孙膑之言并无任何特殊新意,也不值得大惊小怪。真正的问题是大家对它未能作出适当的解释。

照字面上看,孙膑似乎是主张在战争中无论何时何地都必须攻击而不防御。这当然是不合理也不可能。事实上,孙膑的原意并非如此浅陋,他所强调者为必须经常采取积极进取的"攻势"战略,而不可采取消极无为的"守势"战略。此种观念实为古今中外战略家的共识,一点都不新奇。

此外,也有人提出另一种解释,即为必须进攻敌方缺乏守备的目标,这也是孙子所提出的"攻其所不守"和"攻其无备"的旧观念。不过,此种解释较为狭隘,而且未能达到战略层面,故不如上述攻势战略适当。

四、兵势不穷

此一观念也是出于《威王问》篇。当威王连续提出九个问题,孙膑都能对答如流时,威王感到非常满意,遂称赞说:"善哉言!兵势不穷。"这一句话表示威王对孙膑思想的体会,也代表孙膑的另一重要观念。

古人在评论孙膑思想时,常有"孙膑贵势"之语,然则所谓"势"

者,其意义又是什么？孙武在其书中有两种不同解释：抽象者为"势者因利而制权也"(《计》篇)；具体者为"战势不过奇正,奇正之变,孰得而穷之哉"(《势》篇)。由此可知"兵势不穷"的观念还是导源于孙武。

战势虽不过奇正,但奇正相生,却可有无穷的变化,而这也是制胜之机。所以,孙膑说："见胜如见日月,其错胜也,如以水胜火。"

反之,"夫兵者,非士(恃)恒势也"(《见威王》)。换言之,即不能依赖不变之势。因此,"胜不可一"(《奇正》)即为并无一定的模式可以制胜。

五、莫贵于人

《月战》是相当残缺的一篇,而且多少有迷信之嫌。但很奇怪,在其篇首又有一句非常重要的话,足以代表孙膑的基本思想,即为"间于天地之间,莫贵于人"。

战争是人事,胜负关键在于人谋,这也是战略家的共识。对现存三十篇的篇名和内容作一概括观察,即可发现其中与人事有密切关系者可能将近一半。甚至于可以说,孙膑对治军选将等问题的重视程度,也许还有过于战略战术,同时也暗示其思想颇受法家的影响,主张以法治军。

结　　论

失踪了两千余年的《孙膑兵法》居然又在人间再度出现,实在可以说是奇迹,但可惜的是已经残缺不全。不过,即令已经是一部由现代人所整编而成的残书,若能加以较深入的研究,还是可以发现孙膑在兵学思想领域中的若干特殊观念。从这样的研究中,我们还可以获致何种结论?基于本文的分析,似乎至少可以作出下述两点综合性的结论。

(一)**所有的战略思想都一定有其文化背景,这也就是目前西方学者所高谈的战略文化**(strategic culture)。此种文化背景又可概分为两大方面:其一是历史传统,其次是地理环境。任何思想都有其历史传统,孙膑也自不例外。孙膑齐人也,我们应首先了解其思想的历史传统。**齐国的始祖是太公(姜尚),他是西周的开国元勋,牧野之战的胜利者,我国历史上有记录的第一位伟大战略家**。太公封于齐,自然把这种文化传统一同带去,并在那里生根,即后世所谓"齐学"的根源。孙武也好,孙膑也好,他们的思想都是太公的延伸,是齐学的发扬光大。

自从封建以来,齐国即成为东方第一大国,到春秋时,齐国第十六代君主齐桓公成为五霸之首,以"尊王攘夷"为号召,在历史上开创所谓"霸政"的新时代。**桓公在管仲辅佐之下,采取政治军事两相配合的大战略,达到"一匡天下"的目的**。这也正是孙膑所说的"战胜而强立,故天下服矣"的先例。

再从地理环境来看齐国的战略环境。齐国为"负海之国",位置在山东半岛上,三面环海,大获渔盐之利,所以其经济基础相当巩固,足以实现富国强兵的理想。同时,三面环海也使齐国有无须设防的安全边界,并解除后顾之忧。此种地理环境使"必攻不守"的战略观念成为一种自然的选择。

(二)**历史、文化、思想都是一种不断的演进流程**。任何思想都具有承先启后的意义。所以,它并非孤立,也不会突如其来。孙膑之书虽残缺不全,但仍能显示其思想的源流。他接受孙武的思想传统,也受到吴起的影响。而在后出的先秦兵书例如《尉缭子》中也可以发现有若干观念似乎是与孙膑不无关系。

因此,从事战略思想研究的学者必须具有宏观的眼光。对于孙膑兵法的研究虽然受到很多客观因素的限制,但至少还是可以使我们了解其思想的来龙去脉,并认清其在历史演进流程中所占有的重要地位。

第三章
尉缭子：作者与时代

引言	第三卷
作者与时代	第四卷
概论	第五卷
第一卷	结论
第二卷	

引　言

《尉缭子》是我国古代所遗留下来的一部兵书。宋神宗元丰三年(1080年)颁定《武经》时,这部书也被列入,而成为"七书"之一。换言之,自此《尉缭子》即被认定为我国传统武学的标准教科书之一。当宋代颁定《武经》时,七书中有五种(《孙子》、《吴子》、《司马法》、《尉缭子》、《六韬》)被认为是先秦的遗产。这五部书之中独占鳌头、最负盛名者,当然是《孙子》,其次为《吴子》,至于《司马法》和《六韬》也还常有人提及,只有《尉缭子》似乎是一部最不为人所注意的兵书。研究我国古代兵学的著作不多,而这部书甚至连其作为兵书的身份也曾一度被否定,同时还有人鄙之为伪书,认为不值得研究。所以在七书之中,《尉缭子》可以说是备受冷落,遭遇最不幸的一部书。

假使用现代治学的方法来对《武经七书》的价值作一个新的评估,则所获的结论也许会和前人的见解有所差异。概括地说,在此七书中,《孙子》毫无疑问居于第一。但除《孙子》以外,第二部值得重视的书似乎应为《尉缭子》。这部书中含有相当精辟的战略思想,而且内容也相当完整,不像《吴子》和《司马法》都只是断简残篇而已,所以它在中国战略思想史中的地位是应该予以肯定的。

很令人引以为憾的是,今天研究中国古代兵学思想的人,似乎已经把注意力全部集中在《孙子》上面。诚然,《孙子》是值得特别重视,但却不应除《孙子》以外,不注意其他的古代兵家著作。那些著作就整体而言固然不及《孙子》,但其中还是有很多观念值得研究,甚至于某些特殊的见解是《孙子》所不及。

作者与时代

研究一部经典名著时,就治学方法来说,首先要知道的即为其作者的身世和成书的时代。但研究古书时,往往一开始就在这里遭遇困难。很多书都是来历不明,含有许多疑问。关于作者的身世时代常有不同的说法而无定论,于是遂又引起真伪之争,令人无所适从。《尉缭子》正是这样一部书。

该书作者——尉缭究竟是谁,到现在仍无定论。《史记》不曾为其立传,只有在《秦始皇本纪》中有一段与尉缭有关的记载:"大梁人尉缭来说秦王……秦王不从其计……缭曰:'秦王为人……不可与久游。'乃亡去。秦王觉,固止,以为秦国尉,卒用其计策。"

《汉书·艺文志》把《尉缭子》列入杂家类,并著录为"六国时人";颜师古[①]注引刘向《别录》,称"缭为商君学"。《隋书·经籍志》则著录为"梁惠王时人",以后各家书目大多沿袭《隋书》说法。但也有人提出不同的意见:宋晁公武在《郡斋读书志》中说"未详

---

① 颜师古(581—645年),名籀,字师古,隋唐以字行,故称颜师古,雍州万年人,生于京兆万年(今西安),祖籍琅琊临沂(今山东临沂)。唐初儒家学者、经学家、语言文字学家、历史学家。颜师古是名儒颜之推之孙、颜思鲁之子。少传家业,遵循祖训,博览群书,学问通博,擅长于文字训诂、声韵、校勘之学;他还是研究《汉书》的专家,对两汉以来的经学史十分熟悉。
贞观十九年(公元645年),颜师古随从太宗征辽东,途中病故,终年65岁,谥曰"戴"。——编者注

第三章 尉缭子：作者与时代

何人书"；宋施子美《七书讲义》说是"齐人"；明茅元仪《武备志》又说是"魏人"；明归有光在《诸子汇函》中则认为"尉缭，司马错也"。

施、茅、归诸人距离战国时代甚远，其说只能算是臆测，所以比较可信的只有两种说法：其一是见梁惠王的尉缭，那是以《尉缭子》书中第一篇为根据；其二是说秦始皇的尉缭。这两个时代相距百余年，不可能是一个人，然则《尉缭子》的作者究竟是谁？

时人许保林在《中国兵书通览》中认为，从全书的人称、语气、内容上考察，似为梁惠王时的尉缭子较合情理。不过，战国时伪托之风早已盛行，仅凭作者自称其见梁惠王，以及书中多次提到吴起等证据，即确认作者是梁惠王时人，其判断未免太草率，至少应说其证据很薄弱。

反之，若细察书中所含有的思想，可以发现其作者曾受儒家、道家、法家及其他兵书（尤其是《孙子》）的影响，而且更曾两度引述孟子所说的"天时不如地利，地利不如人和"，由此似可认为这位作者应该是战国后期的人，至于他是否即为说秦始皇的尉缭，则又无法断定。

《汉书·艺文志》杂家著录有《尉缭》二十九篇，班固将此书列入杂家也未尝没有理由，因为其中所含有的思想的确相当庞杂。另外，刘歆《七略》中的《兵书略》，根据任宏的分类方法，在兵形势家内也著录有《尉缭》三十一篇。《隋书·经籍志》、《旧唐书·经籍志》、《新唐书·艺文志》都只有杂家《尉缭子》五卷，而兵家不著录。宋神宗时，被列入《武经》，而杂家遂不再著录。我们现在所见的《尉缭子》即为《武经》本，而且也只有这一种版本。

自从南宋陈振孙怀疑《尉缭子》不是先秦产品开始，以后的学者几乎都以伪书视之，也因此而轻视这本书的内容，并指出其抄袭

《孙子》、《吴子》、《孟子》、《韩非子》之文颇多。但自1972年《尉缭子》残简在山东省临沂县银雀山西汉古墓中被发掘出土后,伪书之说遂不攻自破。因为残简的内容与今日《武经》本大致相同,而且书写字体隶书中带有明显的篆书风格,可以证明抄写时应为秦汉之际,所以原本成书的年代当然更早;换言之,似应为战国末期。

《尉缭子》过去不受重视的原因之一,就是其内容有若干部分似乎是抄袭他人的著作。根据目前的治学方法来评论,引述他人著作并不受到禁止,只要说明来源即可。古人著作更无像现代这样的规律,自然更不会注明资料来源,所以也就不应苛责。而从另一角度观之,这部书也确有若干独创的见解,若因其局部过失就忽视其全部价值,实为智者所不取。

概　　论

《尉缭子》自汉以后,历代均有著录,但卷数与篇数不等,有五卷、六卷之分,三十二、三十一、二十九、二十四篇之别。其原因可能有二:一是流传中有佚失;二是分篇方式有改变。概括言之,这算是一部相当完整的古书,即令内容有佚失,分量也不会太多,至少,不至于像《吴子》或《司马法》那样变成一部残书。

现存最早的版本是南宋孝宗、光宗年间所刊印的《武经七书》本。后世所流行的版本都是以此为原始。全书共分五卷二十四篇,约九千余字,以古书而论,篇幅算是很长的。所谓卷者并未标示主题,至于每篇则各有其主题。全书所包括的范围相当广泛,上自大战略,下至小战术,真是无所不谈,古代兵书大致都是如此,并不足为怪。全书的编排也是由上到下,虽尚属合理,但思想不免杂乱,而不能像《孙子》那样前后贯通,构成明显而完整的体系,各篇之间也不一定有逻辑上的关系,甚至于在某一篇之内,也缺乏明显的思想焦点。因此,若与《孙子》相比较,则颇为逊色。

尽管如此,**对于研究中国战略思想的学者而言,《尉缭子》仍应列为必读之书。它不仅可以代表战国末期的战略思想,而且书中也确有若干值得重视的特殊观念,甚至可以称之为创见。**

今本共二十四篇,各篇内容深浅不一。若干篇中含有颇具深度的战略观念,但大部分所讨论者又多属层次较低或缺乏战略重要性的问题。就一般古代兵书而言,其中层次愈高的部分则愈不会受到时间的淘汰,换言之,在今天仍不致丧失其价值;反之,层次愈低的部分,由于战术和技术改变太大,所以也就不能适应新时代的要求。因此,本章对于《尉缭子》的概述和评论,都是以有关战略思想的部分为其范围,至于层次较低的部分则不拟列入,或仅简略提及,务请读者注意。以下将逐篇说明其概括内容,并提出其中特别值得重视之处。

第 一 卷

《尉缭子》第一卷共有四篇:《天官》、《兵谈》、《制谈》、《战威》。大致说来,其内容是属于国家(大)战略层面。

一、《天官》第一

尉缭子在其第一篇中即用与梁惠王问答(可能是虚构)的方式来说明一项重要的战略原则:"梁惠王问尉缭子曰:黄帝刑德,可以百胜,有之乎？尉缭子对曰：刑以伐之,德以守之,非所谓天官,时日阴阳向背也。黄帝者,人事而已矣。"接着他又引述史例(武王伐纣和楚将公子心与齐人战)来解释"天官时日,不若人事"的道理。其结论为："黄帝曰：先神先鬼,先稽我智,谓之天官人事而已。"

为什么《尉缭子》在第一篇就要提出人事重于天命的观念,似乎可以有三点解释：

一是代表战略家(兵家)的正统思想,重视人的思考能力(智),而不信鬼神,这与《孙子》的思想完全一致。

二是表示《尉缭子》深受儒家荀子思想的影响。

三是可以证明这本书是战国末期的产品,因为在那个时候,阴阳家的势力已经相当强大,在兵学领域中产生严重影响。所以尉缭子的反阴阳,正像孟子的拒杨墨一样,那是正道对异端所采取的自卫行动。

二、《兵谈》第二

这一篇以论建国建军之道为主题,具有相当客观的态度,首谓："量土地肥硗而立邑,建城称地,以城称人,以人称粟,三相称则内可以固守,外可以战胜。战胜于外,备主于内,胜备相应,犹合符节。"简言之,必须在内政方面完成必要的准备,然后始可向外追求胜利。接着就内政与军备作进一步的分析说："禁舍开塞,民流者亲之,地不治者任之。夫土广而任则国富,民众而制则国治。富治者,民不发轫,甲不出暴,而威制天下,故曰兵胜于朝廷。不暴甲而胜者主胜也,陈而胜者将胜也。兵起非可以忿也,见胜则兴,不见胜则止。"尉缭子认为国必须既富且治,待经济繁荣,政治安定,然后始能不用武力而威制天下。他与孙子的意见几乎完全一样,上面这一段话包括了孙子所谓的"上兵伐谋"、"主不可以怒而兴师"、"合于利而动,不合于利而止"等观念。

三、《制谈》第三

在篇首说明兵制之重要:"凡兵制必先定,制先定则士不乱,士不乱则刑乃明。"不过,最值得注意的是下述一段话:"修吾号令,明吾赏罚,使天下非农无所得食,非战无所得爵,使民扬臂,争出农战而天下无敌矣。"**在先秦兵书中如此明确地提倡"农战"观念,只有尉缭子一家**,可以证明"缭为商君学"的说法并非无据。至少可以显示其受法家思想影响颇大,而且其时代也一定比商鞅稍晚。

四、《战威》第四

在全书中这是最重要的一篇,因为其中含有真正具有创意的新观念。首谓:"凡兵有以道胜,有以威胜,有以力胜。讲武料敌,使敌之气失而师散,虽形全而不为之用,此道胜也。审法制,明赏罚,便器用,使民有必战之心,此威胜也。破军杀将,乘闉发机①,溃众夺地,成功乃返,此力胜也。"虽然在思想上还是与《孙子》非常接近,但"道胜"、"威胜"、"力胜"三观念却是尉缭子所首创。如何能三胜?其先决条件为信心,因此又谓:"未有不信其心而能得其力者,未有不得其力而能致其死战者也。故国必有礼信亲爱之义,则可以饥易饱。国必有孝慈廉耻之俗,则可以死易生。古者率民必先礼信而后爵禄,先廉耻而后刑罚,先亲爱而后律其身。故战

---

① 闉,字从门,音从垔(yīn)。"垔"本指西部黄土高原,转指"高地"、"防御要地"、"城防工事"。"门"与"垔"联合起来表示"城防工事的进出口"。本义为城防工事的门。——编者注

者,必本乎率身以励众士,如心之使四肢也。志不励则士不死节,士不死节则众不战。"这几乎完全代表儒家的思想,其根源为孔子所云:"民无信不立。"

这一篇的结论为:"王国富民,霸国富士,仅存之国富大夫,亡国富仓府,所谓上满下漏,患无所救。故曰:举贤任能,不时日而事利……贵功养劳,不祷祠而得福。又曰:天时不如地利,地利不如人和,圣人所贵,人事而已。"尉缭子主张藏富于民,重视举贤任能,其思想中含有高度民本主义的观念,非常值得推崇。

第 二 卷

第二卷的内容大致是属于野战战略的层面,包括作战和战术。这一卷共有五篇:《攻权》、《守权》、《十二陵》、《武议》、《将理》。第二卷的层次虽已降低,不过其中仍有若干观念值得重视,但就整体而言,其价值不如第一卷。

一、《攻权》第五

本篇综论攻击战略,"权"就是"权谋",用现代术语来说,就是战略。尉缭子首先强调"集中"的原则:"兵以静胜,国以专胜。力分者弱,心疑者背。夫力弱,故进退不豪,纵敌不禽。将吏士卒,动静一身,心既疑背,则计决而不动,动决而不禁。"简言之,力量必须集中,意志必须集中。而关键则在于将帅:"将帅者心也,群下者支节也。其心动以诚,则支节必力,其心动以疑,则支节必背。夫将不心制,卒不节动,虽胜幸胜也,非攻权也。"尉缭子认为:将帅必须能控制全局,否则虽胜也只能算是侥幸,而非战略之效。其谓:

"夫民无两畏也,畏我侮敌,畏敌侮我,见侮者败,立威者胜。凡将能其道者,吏畏其将也,吏畏其将者,民畏其吏也,民畏其吏者,敌畏其民也。是故知胜败之道者,必先知畏侮之权。夫不爱说其心者,不我用也,不威严其心者,不我举也。爱在下顺,威在上立,爱故不二,威故不犯,故善将者,爱与威而已。"尉缭子亦认为:"战不必胜,不可以言战;攻不必拔,不可以言攻。"所以,必须"权敌审将,而后举兵"。所以又说:"兵有胜于朝廷,有胜于原野,有胜于市井。斗则得,服则失,幸以不败,此不意彼惊惧而曲胜之也,曲胜,言非全也,非全胜者,无权名?"其中**所谓"非全胜,无权名",也就是说不能全胜,就不能算是战略**。这与孙子所云"必以全争于天下,故:兵不顿利可全,此谋攻之法也"意义是大致相同的。

二、《守权》第六

这一篇与前篇相对,以防御战略为主题。首先指出纯粹防御战并非良好的战略:"凡守者,进不郭圉,退不亭障,以御战,非善者也。"不过,它还是肯定守的价值,因为守可以利用地形:"夫守者,不失其险者也","故为城郭者,非特费于民,聚土壤也,减为守也"。再指出,若有良好的防御部署,亦可以对抗敌军的数量优势:"千丈之城,则万人之守,……攻者不下十余万之众。"**最后并提出一项很少为人所注意的理论:"其有必救之军者,则有必守之城;无必救之军者,则无必守之城。"简言之,必须以攻势配合守势,然后守城战始能发挥其战略作用;如果只是困守孤城,则最后仍不免失败。**

三、《十二陵》第七

这是很简短的一篇,也无任何理论分析,只是列举在领导(指挥与管理)领域中的优点和缺失,以及其形成的原因和要点。分为正负两方面,每一方面又各分为十二点。在正的方面:"威在于不变,惠在于因时,机在于应事,战在于治气,攻在于意表,守在于外饰,无过在于度数,无困在于预备,慎在于畏小,智在于治大,除害在于敢断,得众在于下人。"在负的方面也有十二点:"悔在于任疑,孽在于屠戮,偏在于多私,不祥在于恶闻己过,不度在于竭民财,不明在于受间,不实在于轻发,固陋在于离贤,祸在于好利,害在于亲小人,亡在于无所守,危在于无号令。"以上所云,可谓要言不烦,虽非战略理论,但对于将道的研究,仍具参考价值。

四、《武议》第八

在第二卷中,这是最重要的一篇,不仅内容很丰富,而且更有相当惊人的论调,在当时颇有超时代的意味。一开始即指出:"凡兵不攻无过之城,不杀无罪之人。夫杀人之父兄,利人之货财,臣妾人之子女,此皆盗也。故兵者,所以诛暴乱,禁不义也。"这一方面是对战国后期战祸频繁、民不聊生的情况所产生的反应,另一方面也足以显示尉缭子在思想上受儒家的影响相当巨大。

本篇中有一特殊观念,即考虑到政府应管理商业以扩充国家的财源:"夫出不足战,入不足守者,治之以市。市者,所以给战守也。万乘无千乘之助,必有百乘之市。"可以想见在尉缭子的时代,城市商业已经相当发达,所以他才会考虑到应重视并管理商业,这与早期法家重农轻商的观念不仅已有差异,而且也进步很多。

在这一篇中,尉缭子又重申其反对当时流行的阴阳五行之说,并坚持其传统兵家思想,其态度的坚决很值得钦佩:"今世将考孤虚,占咸池,合龟兆,观星辰风云之变,欲以成胜立功,臣以为难。"

接着他又解释如下："夫将者,上不制于天,下不制于地,中不制于人。故兵者,凶器也;争者,逆德也;将者,死官也。故不得已而用之,无天于上,无地于下,无主于后,无敌于前。"这对于指挥官的特征,可以说是给予了最佳的描述。

最后,尉缭子对于所谓"胜兵"又作了一个综合的结论:"胜兵似水,夫水至柔弱者也,然所触,丘陵必为之崩,无异也,性专而触诚也。今以莫邪之利,犀兕①之坚,三军之众,有所奇正,则天下莫当其战矣。"这一段话有很复杂的内涵,值得作较深入的分析。尉缭子说"胜兵似水",显然是因袭孙子所说的"兵形象水",但又同时接受老子的观念,所以才说"夫水至柔弱者也,然所触,丘陵必为之崩"。事实上,也就是抄袭老子所说的"天下莫柔弱于水,而攻坚强者莫之能胜"。不过,孙子与老子之间却有很大的差异,孙子所强调的是兵应避实击虚,正如水之避高趋下,所以他绝无攻坚之意。反之,老子则主张以柔克刚,以弱胜强,这似乎只是一种哲学观念,在实际的军事行动中很难办到。甚至于老子自己也说:"弱之胜强,柔之胜刚,天下莫不知,莫能行。"尉缭子似乎是徘徊于两家之间,而无明确的认知。尉缭子之缺乏中心思想,也正是他被人视为杂家的最大理由。

五、《将理》第九

这一篇内容几乎与这一卷的主题无关,为什么列入实在很难理解,很可能是由于后世编辑整理所引起的错误。全篇除首尾外,所谈的都是审囚决狱的问题。

---

① 犀兕(xī sì),指以犀兕皮制的甲或盾。——编者注

第一句为"凡将,理官也"。用现代语来解释,将帅也是司法官,必须公正审理一切刑案。尉缭子自称:"今世谚云:千金不死,百金不刑。试听臣之言,行臣之术,虽有尧舜之智,不能关一言,虽有万金,不能用一铢。"他最后指出,有许多良民因受到刑事案件的牵连,而影响到整个国家正常的经济活动,对于国力实为一种重大损耗。所以他提出警告:"兵法曰:十万之师出,日费千金。今良民十万,而联于图圄,上不能省,臣以为危也。"

第 三 卷

第三卷共分六篇:《原官》《治本》《战权》《重刑令》《伍制令分》《分塞令》。前三篇所触及的范围较广,而后三篇则专论部队的组织问题。大致说来,与战略思想关系有限。

一、《原官》第十

这一篇说明国家设官分职的目的,以及君臣分工的原则。所以一开始就说:"官者,事之所主,为治之本也;制者,职分四民,治之分也。"而其最高理想则为:"官无事治,上无庆赏,民无狱讼,国无商贾。"这似乎又是受道家"无为而治"观念的影响,不仅是相当肤浅,而且也与其在第一卷和第二卷中所已表达的思想相矛盾。

二、《治本》第十一

所谓"治本"者,即治国的根本观念。尉缭子认为:"夫谓治者,使民无私也,民无私则天下为一家,而无私耕私织,共寒其寒,共饥其饥。"这是一种标准的乌托邦主义,与一向崇法务实的兵家思想几乎背道而驰。不过,他在同一篇中又说:"帝王之君,谁为法则?往世不可及,来也不可待,求己者也。"因此,又还是表示其非常重视现实。

三、《战权》第十二

所谓"战权"者,就是争取主动,制敌机先。尉缭子引述古兵法说明:"兵法者,千人而成权,万人而成武,权先加人者,敌不力交;武先加人者,敌无威接。故兵贵先胜于此则胜彼矣,弗胜于此则弗胜彼矣。"所以,其结论为"故知道者必先图",则"敌国可不战而服"。

四、《重刑令》第十三

尉缭子主张用严刑峻法以制裁战争中不尽职守的人员。其理由为:"使民内畏重刑,则外轻敌,故先王明制度于前,重威刑于后,刑重则内畏,内畏则外坚矣。"

五、《伍制令》第十四

"伍制"也就是连坐法。军队组织以"伍"为最低单位;五人为伍,十人为什,五十人为属,百人为间,同一单位对于单位中人员负有连带责任。简言之:"有干令犯禁者,揭之,免于罪,知而弗揭者,皆与问罪。夫什伍相结,上下相联,无有不得之奸,无有不揭之罪。"

六、《分塞令》第十五

"塞"就是营区,在营区之内,各单位的驻地都应有明确的划分,其间的道路非有通行证不得任意通过。他说:"逾分干地者诛之,故内无干令犯禁,则外无不获之奸。"简言之,对营区实施严格管理,是为了确保部队的纪律,并制止敌间的活动。

综观第三卷的内容,可以发现其思想是相当的乱杂,前二篇所谈的是空洞的政治思想,后三篇所谈的则为军事组织方面的实务。只有《战权》一篇勉强可以说是与战略有关。

第 四 卷

第四卷共分五篇:《束伍令》、《经卒令》、《勒卒令》、《将令》、《踵军令》。从篇名上看来,可以了解各篇均属于同一性质。其内容主要是讨论战争中的指挥、管制、通信等问题,用现代军语来表达,即所谓 C^3(command, control and communication;指挥,控制和通信)。从表面上看,这似乎都是技术性的问题,与战略的层次相距颇远。不过,就实际情况而言,C^3 对于战场上的胜负关系却是十分重大。尉缭子对这一方面所应采取的行动,分析得颇为详尽,足以显示其思想的现代化。

一、《束伍令》第十六

"束"就是约束,"束伍"的意义,就是如何约束部队。这一篇的内容可说是战时军律的项目和执行细则,并规定各级指挥官的赏罚权限。

二、《经卒令》第十七

"经卒者,以经令,分之为三分焉。"也就是用各种不同的符号来标明部队的战斗序列,使其在战斗中不至于发生混乱。主要区分为左、右、中三军,每军都有不同颜色军旗,而士卒也戴着各军不同的颜色的羽毛,同行的人员也各有不同的徽章。简言之,进退先后都井然有序。故曰:"鼓之前,如雷霆,动如风雨,莫敢当其前,莫敢蹑其后,言有经也。"所谓"经"者,也就是一切都有常规的意思。

三、《勒卒令》第十八

这一篇说明各种不同通信工具的使用方法:"金、鼓、铃、旗,四者各有法。"凡不听通信工具指挥者,都严惩不贷,这样始能教训"三军之众,有分有合,为大战之法"。教成之后,还要"试之以阅","阅"就是检阅。最高效应为:"方亦胜,圆亦胜,错邪亦胜,临险亦胜。敌在山缘而从之,敌在渊没而从之;求敌若求亡子,从之无疑,故能败敌而制其命。"尉缭子又特别强调:"夫早决先定,若计不先定,虑不早决,则进退不定,疑生必败。"

四、《将令》第十九

本篇说明将在受命和就职时所应有的各种仪式,其目的为强调将的权威和将令的尊严。所以:"将军受命,君必先谋于庙,行令于廷。君身以斧钺授将曰:左右中军,皆有分职,若逾分而上请者死;军无二令,二令者诛,留令者诛,失令者诛。"

五、《踵军令》第二十

本篇说明军队在进入战场之前的编组方式。所谓"踵军",就是前卫,其行动方式有如下述:"所谓踵军者,去大军百里,期于会地,为三日熟食,前军而行,为战合之表。"在踵军之前又有"兴军",兴军即为前哨:"兴军者,前踵军而行,合表乃起,去大军一倍其道,去踵军百里,期于会地,为六日熟食,使为战备。"总结言之,第四卷的内容是以军事组织有关问题为范围,虽然所谈的都是古代的情况,但其观念对现代军事仍具有参考价值。

第 五 卷

这是全书的最后一卷,只有四篇,分别为《兵教上》、《兵教下》、《兵令上》、《兵令下》。前两篇是以国防教育为主题,后两篇则似乎是全书的总结论。

一、《兵教上》第二十一

本篇对"兵教"的解释不是狭义的而是广义的,尉缭子认为"兵教所以开封疆、守社稷、除患害、成武德也"。所以,其范围并非仅限于纯粹军事教育,而更推广及于全面国防教育。必须如此,始能"令民背国门之限,决死生之分,教之死而不疑"。

二、《兵教下》第二十二

在篇首,尉缭子指出:"臣闻人君有必胜之道,故能兼并广大,以一其制度,则威加天下,有十二焉。"接着他就列举十二种所应教育的项目。这些项目的内容在今天已无太多意义,所以不必细述。其结论为:"此十二者教成,犯令不舍。兵弱能强之,主卑能尊之,令弊能起之,民流能亲之,人众能治之,地大能守之,国军不出于阃,组甲不出于橐,而威服天下矣。"在此篇中,另有一段论"伐国之因",颇有新意,值得引述:"伐国必因其变,示之财以观其穷,示之弊以观其病,上乖下离,若此之类,是伐之因也。凡兴师必审内外之权,以计其去,兵有备阙,粮食有余,不足,校所出入之路,然后兴师伐乱,必能人之。"简言之,必须对各种权变因素加以审慎评估之后,发现他国有弱点始可伐之。

三、《兵令上》第二十三

本篇的主要观念为:"兵者,以武为植,以文为种,武为表,文为里,能审此二者,知胜负矣。文所以视利害,辨安危;武所以犯强敌,力攻守也。"尉缭子此种强调文事(政治)武备(军事)必须密切配合、相辅相成的观念,与克劳塞维茨认为战争是政治的延续,在意义上颇为相似,但尉缭子却可能早了两千年。

四、《兵令下》第二十四

本篇为最后一篇,重申组织和纪律的重要,认为关键在于循名责实:"军之利害在国之名实,今名在官而实在家,官不得其实,家不得其名。聚卒为军,有空名而无实,外不足以御敌,内不足以守国。"于是提出三项具体建议:"以法止逃归,禁亡军,是兵之一胜也。什伍相联,及战斗,则卒吏相救,是兵之二胜也。将能立威,卒能制节,号令明信,攻守皆得,是兵之三胜也。"最后,主张严刑峻法以迫使士卒用命,甚至认为:"古之善用兵者,能杀士卒之半,其次杀其十三,其下杀其十一。能杀其半者,威加海内;杀十三者,力加诸侯;杀十一者,令行士卒。"如此残酷的观念,令人毛骨悚然。当然是受到法家的影响,实不足为训。

结　　论

综观《尉缭子》全书,可以感觉到其思想的复杂、内容的庞大。

惟多而不精,虽其中不乏创新的见解或惊人的论调,但就逻辑而言,则不仅缺乏中心思想,而且也不能构成完整的体系。甚至于卷与卷、卷与篇、篇与篇之间,以及各篇之内,有时都无组织系统可言。以学术水准而言,实不应给予过高的评价,尤其若与《孙子》相较,则更是不可同日而语。

不过,从战略思想史的观点来看,《尉缭子》仍有其特殊重要性;这部书可以显示我国战争思想在战国末期的演变方向和发展趋势,同时也可以指明所谓兵家在思想上已经不能维持其传统的纯正性,而受到许多不同学派(所谓诸子百家)的直接或间接影响。因此,若无此书,则在战略思想史上将可能留下一片空白。

《尉缭子》最大的弱点,是其作者在思想上虽有兼容并蓄的雅量,但却缺乏综合精练的能力。如果他有此种能力,则这本书的价值将会大增。此外,这部书还有一个缺失,那就是文辞不太流利,有些地方甚至难以理解,这也正是其远不如《孙子》的地方。

但无论如何,这部书还是值得重视,其中有若干部分也的确相当精彩。事实上,我国古书中常含有很多的智慧,对研究战略思想的学者而言,真是一个取之不尽、用之不竭的宝库。

第四章
太公与六韬

引言	《武韬》
篇名概述	《龙韬》
《文韬》	结论

引　言

《六韬》是我国古代著名兵书之一,已在宋神宗时列入《武经七书》之中。虽然《隋书·经籍志》题为"周文王师吕望撰",但诚如章学诚①所云"古未尝有著述之事"(《文史通考·诗教》上),在周初还不可能有个人著作出现,所以,其为伪托是毫无疑问。其真正作者为何人已不可考。因此,该书究竟成于何时,以及是否为先秦古籍,也曾经引起很多猜测和争议。

北宋何去非首先对《六韬》的真伪表示疑问,南宋叶适(水心)更断定其为伪书,而后世学者大都作同样的判断,惟所持论点各有不同。因此,对于该书究竟成于何时,也就有多种不同的意见。直到20世纪70年代初期,大陆的考古学家在山东临沂银雀山汉墓,与河北定县汉墓中分别掘出有关《六韬》和《太公》的竹简,始真相大白。

---

① 章学诚(1738—1801年),原名文酕、文镳,字实斋,号少岩,会稽(今绍兴)人,清代杰出史学家和思想家,中国古典史学的终结者、方志学奠基人,有"浙东史学殿军"之誉。因学问不合时好,屡试不第,迟至乾隆四十三年(1778年)方中进士,时年41岁。

一生颠沛流离,穷困潦倒,却"撰著于车尘马足之间"。曾先后主修《和州志》、《永清县志》、《亳州志》、《湖北通志》等十多部志书,创立了一套完整的修志义例。并用毕生精力撰写了《文史义义》《校雠通义》《史籍考》等论著,总结、发展了中国古代史学理论,对后世产生了深远影响。其《文史通义》与唐代刘知幾的《史通》齐名,并为中国古代史学理论的"双璧"。

乾隆五十九年(1794年),漂泊异乡四十多年的章学诚返回故里。嘉庆五年(1800年),贫病交迫,双目失明。次年(1801年)十一月卒,葬山阴芳坞。——编者注两地的汉简上都有六韬之文,但均不见"六韬"之名,足以显示在西汉时,大凡署名"太公"的书均称"太公"而尚未有"六韬"的书名。两地汉简中都有与今本《六韬》相同的篇名和内容,但又有许多不见于今本的篇名和内容,足以证明今本并非全帙①,而只是汉代原本之一部分。

根据专家的研究,这两座汉墓的埋葬时间并不相同。临沂的可能是在汉文帝即位以前(公元前179年),甚至于可能是在秦楚之际(公元前209年—公元前203年)。定县的则较迟,可以断定为汉宣帝王凤三年(公元前55年)。简书书写年代应在埋葬之前,而成书年代又必在书写年代之前。所以根据前者判断,《六韬》的内容应该不是秦汉以后的伪造品,而是先秦时代的遗作。以后者为证,则可显示宣帝时尚无"六韬"之名。

虽然可以认定该书是先秦的遗产,但所谓先秦者是一个太笼统的名词,究竟成书于何时,仍有进一步探讨之必要。虽然还是有各种不同的看法,但根据书中内容来分析,似乎认定其为战国后期的作品比较合理。其理由有四点,分述如下:

(一)该书内容有对儒、道、墨、法诸家思想兼收并蓄的趋势,足以暗示其成书颇晚,是在各家思想流行之后。

(二)该书《六韬》的第十二篇《兵道》中曾引述"黄帝曰",黄帝的传说是在战国中期始流行。所以,该书成书应在战国后期。

(三)《六韬》中对骑兵部队的编组和战术有相当详细的叙述。我国古代军事组织中有骑兵部队出现为时颇晚,通常都认为最早

---

① 帙(zhì),帛书用囊盛放,叫做帙。后来帙指书画外面包着的套子。书一套叫做一帙。——编者注

作此种尝试者,即为赵武灵王的胡服骑射(公元前325年)。由此,可以显示该书成书是在此以后。

(四)《六韬》中又有"避正殿"、"将相分职"、"万乘之主"等说法,那也都是战国中期以后始常见的词句。

关于《六韬》的著录,以往常认为《汉书·艺文志》中无《六韬》,《隋书·经籍志》始加以著录,又或谓汉志儒家类中的《周史六弢》,即为今本之《六韬》。这两种观念都似是而非。事实上,汉志有《六韬》的著录,但无其名,那是包括在道家类"太公二百三十七篇"之内,即其中的"兵八十五篇"。该书内容颇多道家之言,汉志将其列入道家类也并非没有道理。最早记载《六韬》书名的文献是《三国志》,由此可以推断到东汉之后,《六韬》之名才开始流行。到唐初魏征等修《隋书·经籍志》时,始首次在书目中著录为《太公六韬》,从此沿用至今。

关于《六韬》的篇目,汉志所著录者为八十五篇,今本(即《武经》本)则为六十篇,两者相差二十五篇。现在所发现的两种汉简,以及唐写本残卷中的篇名和内容有与今本相同者,但也有不同者。后者可能是属于那另外的二十五篇。其全部内容已在流传过程中佚失,又或为宋代颁定《武经》时所删除。不过,就现存的六十篇而言,《六韬》的内容还算是相当完整,比起那些残书(例如《吴子》、《司马法》),其学术价值也较高。

篇 名 概 述

今本《六韬》共分六卷,即以一韬为一卷,每卷篇数多少不一,共为六十篇。兹分述如下:

（一）《文韬》：《文师》第一、《盈虚》第二、《国务》第三、《大礼》第四、《明传》第五、《六守》第六、《守土》第七、《守国》第八、《上贤》第九、《举贤》第十、《赏罚》第十一、《兵道》第十二。

（二）《武韬》：《发启》第十三、《文启》第十四、《文伐》第十五、《顺启》第十六、《三疑》第十七。

（三）《龙韬》：《王翼》第十八、《论将》第十九、《选将》第二十、《主将》第二十一、《将威》第二十二、《励军》第二十三、《阴符》第二十四、《阴书》第二十五、《军势》第二十六、《奇兵》第二十七、《五音》第二十八、《兵征》第二十九、《农器》第三十。

（四）《虎韬》：《军用》第三十一、《三陈》第三十二、《疾战》第三十三、《必出》第三十四、《军略》第三十五、《临境》第三十六、《动静》第三十七、《金鼓》第三十八、《绝道》第三十九、《略地》第四十、《火战》第四十一、《垒虚》第四十二。

（五）《豹韬》：《林战》第四十三、《突战》第四十四、《敌强》第四十五、《敌武》第四十六、《乌云山兵》第四十七、《乌云泽兵》第四十八、《少众》第四十九、《分险》第五十。

（六）《犬韬》：《分合》第五十一、《武锋》第五十二、《练士》第五十三、《教战》第五十四、《均兵》第五十五、《武军》第五十六、《武骑》第五十七、《战车》第五十八、《战骑》第五十九、《战步》第六十。

从其篇目上来观察，即可发现《六韬》是一部非常复杂的书。清代朱墉在《武经七书汇解》中称赞其内容为"规模阔大，本末兼该"，似乎并非过誉之词。全书组织也很合逻辑，从治国平天下的国家战略（大战略），一直说到战术技术的细节。每一卷（韬）都有一个概括性的主题，而卷中各篇又都有一个明确的子题，即大致以讨论某一特殊问题为范围。用现代眼光来看，它可以算是一部军

事百科全书,把战国时代所有一切军事知识都包括在内,对于后世的学者具有参考价值。而各卷的主要内容可以概述如下:

(一)《文韬》:时论治国用贤的国家政策,也就是国家战略(大战略)。

(二)《武韬》:以战争准备和军事战略为主题。

(三)《龙韬》:注重军事组织,包括人事、情报等问题在内。

(四)《虎韬》:讨论在各种天候地形条件下的战术。

(五)《豹韬》:讨论各种不同的特殊战术。

(六)《犬韬》:讨论各种部队的指挥、训练等问题。

当然,以上所云只是一种概括的说明。事实上,其中尚有若干篇虽位于某一卷中,但却看不出来其与主题有何关系。这种情形在古书中也是常有的现象,其原因可能是由于时代久远,在流传抄写时发生错误。在《六韬》有一显著例证,即《兵道》这一篇是列在第一卷中,但以性质而论,似乎应列在第二或第三卷中比较合理。不过,古人著书,其态度并不像现代人这样严谨。所以,其书中各篇之间常缺乏联系,也不足为奇。

基于以上概略的说明,可以了解《六韬》的后三卷完全是属于较低的战术层次,对于战略思想的研究,几乎没有什么关系,大可存而不论。至于第一和第二两卷则显然属于战略层次,也就构成本章欲详细讨论的对象,而第三卷《龙韬》其中有若干部分也与战略有相当关联,所以也应合并予以探讨。

《文　　韬》

《文韬》是全书中的第一卷,也是最重要的一卷,它代表这部书的中心思想。全卷共分十二篇,其文体都是采取所谓"对话"方式,但事实上,问者(文王)只是寥寥数语,而答者(太公)则滔滔不绝,几乎无异于由一人独抒己见,严格说来,并不能算是真正的对话。各篇所讨论的主题不一样,其间也很少联系。所以,这还只是一种语录,并非一部前后连贯,有逻辑体系的书。现在就照今本所列的顺序,对每一篇的内涵作较深入的分析。

（一）《文师》。这是全书的第一篇,其背景是周文王在渭阳访贤(太公)的故事。所以打一个比喻来说,这一篇所记载的也就是太公与文王第一次会晤时所提出的"隆中对"。事实真相如何,无考证之必要,但其代表"六韬"的基本观念则应可认定。简言之,也就假定当太公被文王聘请为国师时,其所公开宣示的政治(战略)观念是这样。全篇中最重要的一段可引述如下:"天下非一人之天下,乃天下之天下也。同天下之利者则得,无下,擅天下之利者则失天下。天有时,地有财,能与人共之者仁也,仁之所在天下归之,免人之死,解人之难,救人之患,济人之急者德也。德之所在天下归之。与人同忧、同乐、同好、同恶者义也,义之所在天下赴之。凡人恶死而乐生,好德而归利,能生利者道也。道之所在天下归之。"所以,《六韬》所主张的是光明正大的民本主义,文中提到仁、义、德、道、利五种观念,可以显示这部书是同时受到儒家、道家、墨家的影响。

（二）《盈虚》。这一篇以阐明"君道"为主题。不仅说明君之重要性,而且也解释君德之要件。诚如,文王问太公曰:"天下熙熙、一盈一虚,一治一乱,所以然者何也？其君贤不肖不等乎？其大时变化自然乎？"太公曰:"君不肖则国危而民乱,君贤圣则国安而民治。祸福在君,不在天时。"可见《六韬》的基本观念与《尉缭子》颇为相似,即重人事而不重天命?于是也可想见二书成书之时可能很接近。至于贤德之君又是如何?太公曰:"其自奉也甚薄,其赋役也甚寡,故万民富乐而无饥寒之色,百姓戴其君如日月,亲其君如父母。"而文王则曰:"大哉贤德之君也。"

(三)《国务》。这一篇的主旨为说明"国之大务",与前一篇在思想上是连贯的,而以"爱民"为治国之本。文王问太公曰:"愿闻国之大务,欲使主尊人安,为之奈何?"太公曰:"爱民而已。"文王曰:"爱民奈何?"太公曰:"利而勿害,成而勿败,生而勿杀,与而勿夺,乐而勿苦,喜而勿怒。"此种爱民主义显然是出于儒家的思想,而若假定该书是战国末期的产品,则此种言论也适足以表示其为对当时流行的法家思想之反弹。本篇又云:"善为国者驭民如父母之爱子,如兄之爱弟,见其饥寒则为之忧,见其劳苦则为之悲,赏罚如加于身,赋敛如取于己物,此爱民之道也。"以上的描述与当时诸国政府对人民的实际情况,可说是恰好成一强烈对比,足以显示作者愤世嫉俗、无限感慨的心情。

(四)《大礼》。在这一篇中作者更进一步提出为政必须尊重民意、俯察舆情的要求。文王曰:"主明如何?"太公曰:"目贵明,耳贵聪,心贵智。以天下之目视,则无不见也,以天下之耳听,则无不闻也,以天下之心虑,则无不知也。辐辏并进,则明不蔽矣。"最后一句话指出必须透过各种不同的管道来探求民意,然后政府才不会受到某一方面的蒙蔽。

(五)《明传》。这一篇是说文王病危时,曾要求太公把"至道之言"告诉他,并明白地传授给后代子孙(故事也可能是虚构)。"文王寝疾,召太公望及太子发在侧曰:呜呼,天将弃予,周之社稷将以属汝,今予欲师至道之言,以明传之子孙。太公曰:王何所问？文王曰：先圣之道，其所起，其所止，可得闻乎？太公曰：见善而怠，时至而疑，知非而处，此三者道之所止也；柔而静，恭而敬，强而弱，忍而刚，此四者道之所起也。故义胜欲则昌，欲胜义则亡，敬胜怠则吉，怠胜敬则灭。"这一篇被作者认为是"至道之言"，可以想见其对此篇之重视。从表面上来看，其思想似乎是以道家为根源，但实际上并非如此单纯，因为他并不主张"无为"；反而言之，他却强调应勇于改过迁善，并且不可错过时机。

（六）《六守》。这一篇中提出两项观念，即"六守"与"三宝"，可以说是颇具创见。作者认为人主之所以失国，其主因就是忽视了这两项观念。文王问太公曰："君国主民者，其所以失之者何也？"太公曰："不谨所与也。人君有六守、三宝。"文卫曰："六守何也？"太公曰："一曰仁、二曰义、三曰忠、四曰信、五曰勇、六曰谋，是谓六守。"文王曰："敢问三宝？"太公曰："大农、大工、大商，谓之三宝。农一其乡则谷足；工一其乡则器足，商一其乡则货足……六守长则君昌，三宝全则国安。"作者认为失国的主因就是用人不当——"不谨所与"。所以政府用人必须有客观标准，这也就是所谓"六守"。**至于"三宝"，则可算是一种新观念，而且在其他先秦古籍中也无与此相同的论调。主张在经济方面应农工商三者并重，似乎是《六韬》所特有的创见，比荀子和尉缭子都还要更进步**。因为他们只主张重农而不轻商，而《六韬》则主张农工商三者并重，尤其是重工的观念更是前所未有。这又可以暗示这部书是在工商业已经相当发达的环境中写成的。

（七）《守土》。这一篇中有两个观念特别值得重视，首先是强调一切行动都必须趁早，迟了就会来不及；这是一项非常重要的战略原则，法国现代战略大师薄弗尔将军（Andre Beaufre）对此也曾一再强调,他说:"过去一切失败经验都可以归纳为二字——太迟,为了预防再犯错误,必须了解的战略要义是预防而非治疗。"《六韬》书中也用比喻方式来说明此一观念:"日中必彗,操刀必割,执斧必伐,日中不彗,是谓失时;操刀不割,失利之期;执斧不伐,贼人将来。涓涓不塞,将为江河;荧荧不救,炎炎奈何;两叶不去,将用斧柯。"其次,在此篇中又有另外一项相当特殊的观念:"人君必从事于富,不富无以为仁,不施无以合亲,疏其亲则害,失其众则败。"此在战国时代可谓独树一帜的见解。几乎所有的书都只确认富国为强兵的基础,但《六韬》在此不作强兵之论,反而强调"不富无以为仁",这也就是认为仁政必须以均富为基础。就根本而言,可以显示其代表儒家的传统思想。

《文韬》(第一卷)实为《六韬》全书精华之所在,其所论均系为政之道,也就是平时安邦定国的国家战略。严格说来,足以超出一般所谓兵家的思考范围之外,同时也是其他的兵书很少论及者。因此,应该算是这部书的一大特色。第一卷的第八篇到第十一篇,其篇名分别为《守国》、《上贤》、《举贤》、《赏罚》,其内容大致是讨论人事问题,对于战略思想的研究并无太多重要性,所以不拟加以分析。

现在要谈到《文韬》的最后一篇,也就是第十二篇。这一篇的篇名为《兵道》,其内容即分析用兵之道,放在《文韬》中是明显地不太适当,吾人认为应该放在第二卷《武韬》之内为宜。但从该书的编排上来看,文、武二韬每篇的引语都是"文王问",而以后四韬每篇的引语则均为"武王问",这似乎可以算是一种规律。但《文韬》中的《兵道》篇,以及《武韬》中的《三疑》篇为例外,其篇首的引语均为"武王问",而非"文王问"。因此,也许比较合理的想法是这两篇本来都是属于《龙韬》，以后不知是由于什么原因而被误置。这当然只是一种揣测，不必深究。至于《兵道》篇的内容："武王问太公曰：兵道何如？太公曰：凡兵之道，莫过乎一，一者能独往独来。黄帝曰：一者阶于道，机于神，用之在于机，显之在于势，成之在于君，故圣王号兵为凶器，不得已而用之。"这一段中最难懂的就是"一"字，用现代术语来解释，即为"主动"。简言之，用兵必须保持主动，然后始能独往独来，制人而不制于人。在此不仅提到"黄帝"，而且也说"兵为凶器"，可以暗示《六韬》与《尉缭子》在思想上有相当的渊源，也可能是同一时代。

这一篇最后又说到"外乱而内整，示饥而实饱，内精而外钝"，这就是孙子所说的"诡道"。至于"兵胜之术，密察敌人之机，而速乘其利，复疾击其不意"，则无疑照抄孙子的"兵之情主速，乘人之不及，由不虞之道，攻其所不戒也"（《孙子·九地》）。

《武　　韬》

《六韬》的第二卷为《武韬》，今本一共只有五篇，比其他各卷都少，似乎其内容已有佚散。概括言之，这一卷所包括的各篇应以军事战略为核心，但事实上并非如此，而有杂乱无章之感。现在只能依照顺序对各章作个别的讨论：

（一）《发启》。这一篇颇有哲学意味，其思想来源似出于道家，但也与孙子相通。例如："大智不智，大谋不谋，大勇不勇，大利不利，利天下者天下启之，害天下者天下闭之。"与孙子所谓"无智名，无勇功"的观念有所暗合。而其"故道在不可见，事在不可闻，胜在不可知。微哉，微哉，鸷鸟将击，卑飞敛翼；猛兽将搏，弭耳俯伏；圣人将动，必有愚色"之言，更可能是导源于孙子所谓"鸷鸟之击，至于毁折者，节也"的观念。

（二）《文启》。这一篇的结论为："天有常形，民有常生，与天下共其生而天下静矣。太上因之，其次化之，夫民化而从政，是以天无为而成事，民无与而自富，此圣人之德也。"很明显地含有浓厚的道家色彩，但为什么把这一篇列在《武韬》之内，则很难解释。

（三）《文伐》。在《六韬》全书中，这是具有特殊重要性的一篇。"文伐"是《六韬》所首创的名词，其意义即为使用各种不同的非军事性手段来打击敌国。孙子所说的"伐谋"和"伐交"，实际上也都可以算是"文伐"。这一篇对于"文伐"的方法，分为十二节来加以详细讨论。概括地说，即使用各种阴谋来减弱敌方的国力，破坏其团结，妨害其政务的正常运作。对于十二节的内容不必细述，因为都是些世俗所熟知的方法，例如贿赂、美人计等，但此种观念本身却深值重视。因为所谓国家战略（大战略）的运用本来就是以非军事因素为主，如能以非军事手段达到目的，则又何必使用武力。进一步说，"文伐"也可以作为发动战争的准备。"文伐"若已奏效，则也就能"胜于易胜"。所以，此篇的结论曰："十二节备，乃成武事。所谓上察天，下察地，征已见，乃伐之。"此与《韩非子·亡征》篇中的观念也非常接近。也就是说必须等到对方已经出现败亡的征候，然后才发动军事行动（乃成武事）。

（四）《顺启》。这一篇所讨论者是一个非常广泛的问题，即"何如而可为天下政"？简言之，也就是如何能够建立世界秩序，似乎是儒家"平天下"观念的引申。其所提出的理论为："文王问太公曰：何如而可为天下（今本在此少一'政'字）？太公曰：大盖天下然后能容天下，信盖天下然后能约天下，仁盖天下然后能怀天下，恩盖天下然后能保天下,权盖天下然后能不失天下,事而不疑,则天运不能移,时变不能迁。此六者备,然后可以为天下政。"**这的确是一种具有宏观的理论,其关键在于一个"盖"字。换言之,必须重视整体,重视全局。**

(五)《三疑》。这一篇假设武王有三个疑问,而太公则提出解答:"武王问太公曰:予欲立功,有三疑,恐力不能攻强,离亲、散众,为之奈何?太公曰:因之,慎谋用财。夫攻强必养之使强、益之使张。太强必折,太张必缺。攻强以强,离亲以亲,散众以众。"以上所云是一种非常高深微妙的战略原理,也代表道家"物极必反"的哲学思想。任何国家扩张过度则必然会自动崩溃。所以,"凡攻之道,必先塞其明,而后攻其强"。简言之,即使其丧失理智(明),作盲目的扩张,以授我可乘之机。

《武韬》共五篇,已大致讨论如上。就字义来推测,《武韬》的内容应着重"武"的方面,即军事战略,而与《文韬》有所不同。但事实上,很难说它们之间在性质上有重大差异。这似乎可以显示这部书的内容不仅已经不完整,而且更可能曾遭后人的编排甚至于删改,这也是读古书时经常会碰到的情况。

《龙　　韬》

《龙韬》为《六韬》的第三卷,今本共列有十三篇,为全书篇数最多的一卷。全卷内容都是属于军事方面,其引语也一律为"武王问",足以显示其与前两卷在性质上是有所不同。概括言之,《龙韬》所讨论的范围是以"为将之道"为焦点,其内容都比较实际化,很少深入到理论的层面。不过,其中还是有若干篇值得研究,并且与较高层次的战略研究具有配合的关系。以下的讨论所重视者即为这些部分,至于其他的部分则从略。

(一)《王翼》。用现代观点来看,这一篇所讨论的主题是最高统帅部(或参谋本部)的组织,相当有意义:"武王问太公曰:王者帅师,必有股肱羽翼以成威神,为之奈何?太公曰,凡举兵师,以将为命,命在通达,不守一术,因能授职,各取所长,随时变化,以为纪纲。故将有股肱羽翼七十二人,以应天道,备数如法,审知命理,殊能异技,万事毕矣。"这一段话有两点值得分析:

(1) 在整个军事组织中,"将"是唯一的核心(以将为命),将必须是通才,他不是专家,但要能利用各种不同的专家。

(2) 将必须有一个完善的参谋组织,按照作者的理想,应由七十二位专家所共同组成,各有其专司,以作为统帅的辅弼。

从这一篇的内容看来,可以想象在战国末期,军事组织已有长足的发展。照这一篇的构想,统帅部的组织相当庞大,分工也相当细密。其中包括许多专家,例如天文(气象)、地理、兵工、工程、心战、军医、会计等。姑不论当时的实际情况是否已能达到此种标准,但至少可以显示《六韬》作者具有高度现代化的眼光和见识,很令人佩服。

(二)《论将》。这一篇的主题非常明显,并且也有其特殊的见解,即所谓"五材十过"之说:"武王问太公曰:论将之道奈何?太公曰:将有五材十过。武王曰:敢问其目。太公:所谓五材者,勇、智、仁、信、忠也。勇则不可犯,智则不可乱,仁则爱人,信则不欺,忠则无二心。所谓十过者,有勇而轻死者、有急而心速者、有贪而好利者、有仁而不忍人者、有智而心怯者、有信而喜信人者、有廉洁而不爱人者、有智而心绥者、有刚毅而自用者、有懦而喜任人者。"以上所论与孙子的意见只小有出入,但似乎还更为精密。其最显著的差异为《六韬》把"忠"列为必要条件之一,这是《孙子》所不曾列入者。此种差异可以显示时代的不同。孙子是春秋末期的人,在那个时代为将者多为各国贵族,其效忠本国大致是毫无疑问的。但到了战国后期,各国都竞用客卿,所以"忠"当然也就成为一个必要的条件。这篇结语说:"故兵者国之大事,存亡之道,命在于将,将者国之辅,先王之所重也,故置将不可不察也。"这段很容易看出又是在抄袭《孙子》。

(三)《军势》。这一篇论战胜之道,而强调先胜观念,与孙子之言可以互相发明。篇中的要语为:"夫善战者不待张军,善除患者理于未生,胜敌者胜于无形。上战无与战,故争胜于白刃之前者非良将也,设备于已失之后者非上圣也。智与众同非国师也,技与众同非国工也。"就思想而言,与孙子大致相同,但值得注意的是最后一句。这可能是我国古代兵书首次提到"技术",而且还有所谓"国工"之称。接着又提出"先胜"的观念:"夫先胜者,先见弱于敌而后战者也,故事半而功倍焉……故曰:未见形而战,虽众必败,善战者居之不挠,见胜则起,不胜则止。故曰:无恐惧,无犹豫,用兵之害,犹豫最大,三军之灾,莫过狐疑。"非常有趣味。《六韬》不仅模仿《孙子》,而且也照抄《吴子》(原文为"用兵之害,犹豫最大,三军之灾,生于狐疑。"见《治兵》第三)。这又是另一证据,足以证明这本书成书较晚。

(四)《农器》。这是《龙韬》最后一篇,从篇名上看来,似乎与军事或战略都殊少关系,但事实并非如此。这一篇含有非常现代化的观念,简直可说是超乎想象之外。其所提出者即为现代战略中的总动员观念:"武王问太公曰:天下安定,国家无争,战攻之具可无修乎？守御之备可无设乎？太公曰：战攻守御之具，尽在于人事。"这也就是说在平时有合理的安排，则可以利用民间的生产设施和器材，来保持高度的战备。换言之，透过有效的动员制度，可以迅速地把民间资源转换成为军事装备。

那个时代的国民经济生活是以农业为主，所以此篇主张利用现成的农业装备，以及农村组织来作为动员基础，其所言不免有点夸张，但的确是一种高明的理想。所以，其结论为："故用兵之具尽在人事也，善为国者取于人事。故必使遂其六畜，门（辟）其田野，规（安）其处所，丈夫治田有亩数，妇人织纴有尺度，是富国强兵之道也。"此种富国强兵的观念，似乎要比先秦其他学者都更为深入。关于《龙韬》的内容所拟分析者，就以此四篇为限，至于其他各篇则因与当前情况已较当时殊为不同，故不予讨论。

结　　论

《六韬》像《尉缭子》一样，可以作为战国后期战略思想的代表。他们都受到前代或同时期其他学派及著作的影响。比较言之，《尉缭子》受法家影响较大，而《六韬》则受道家影响较多。但他们也都以儒家思想为源头，并都以《孙子》为范例。《尉缭子》比较偏重军事；《六韬》虽然大部分内容也是属于军事方面，但其对于为政之道、平时的国家战略（大战略）等所发表的意见，则代表民本主义的正统儒家思想，在当时可谓曲高和寡，有超时代的意义，非常值得推崇。诚然，《六韬》是伪书，其真正作者为谁，迄今仍无定论，但其在我国战略思想史中的地位仍应予以高度的肯定，并不会由于真伪之辨而影响其学术价值。

第五章
曹操与诸葛亮：比较研究

引言　　　　战略与大战略

时代与生平　结论

官渡与赤壁

引　言

在中国人的心目中,曹操和诸葛亮也许要算是知名度最高的历史人物。诸葛亮被尊称为三代之后唯一"完人",尤其是作为"军师"的地位更是受到后世的普遍肯定。反而言之,曹操却很不幸,被后人贬抑为千古"奸臣"的代表,几乎已经没有人记得他的优点。于是在中国文化中,他们两人已经变成两种对立的典型,从京剧演员的脸谱上即可以获得这样的认知。

诸葛亮是好人,似乎从来没有人提出反对意见,但他是否真如一般人所想象那样足智多谋、神通广大?曹操是坏人,即令是如一般人所认定,但他是否除了奸诈险恶以外,就一无是处呢?这是一个很有趣也很有意义的问题,但从来很少有人对他们两人作一比较研究。

当然,要比较历史中同时代的两位风云人物是一件很困难的工作,尤其是基于不同的观点,又可能会得到不同的结论。本章所采取的观点是战略研究观点,但也触及历史本身的研究,希望能从此种比较来对历史人物作若干新的评估。

时　代　与　生　平

曹操(155—220)比诸葛亮(181—234)早生二十六年,早死十四年,他们大致都是属于三国时代。所谓"三国"是一个含义模糊的名词。严格说来,要到曹丕篡汉称帝,历史才正式进入三国时代,那是公元220年,即汉献帝建安二十五年,同时也是魏文帝黄初元年。刘备称帝是在公元221年,而孙权称帝则更迟到公元229年。但事实上,赤壁之战后(公元208年)天下三分之势即已形成,所以从战略观点来看,把这一年定为三国时代的起点似乎比较适当。在此以前还应该算是汉朝的末期。

黄巾之乱后(公元184年),东汉王朝的统治已摇摇欲坠,宦官外戚争权夺利。中平六年(公元189年)汉灵帝死,外戚何进拥立其甥刘辩,是为少帝。何进企图专政,与袁绍等密谋,召并州牧董卓入京,准备将宦官一网打尽。不料事机不密,宦官抢先杀了何进。袁绍等发动反攻,尽诛宦官两千余人,结束了外戚宦官的互斗。接着董卓领兵进入洛阳,废少帝并改立其弟刘协,是为献帝。

董卓专政引起朝野上下不满。初平元年(公元190年)关东各州郡组成联军,推袁绍为盟主,共讨董卓。袁绍不仅有"四世三公"的背景,而且兵力也最为雄厚,其被推为盟主实乃理所当然,至于曹操在联盟中只能算是小人物,他不仅没有自己的地盘,甚至于五千人的兵力都是七拼八凑而来。但他却已经开始表现出惊人的机智和勇敢,令人刮目相看。

董卓被消灭后,中原变成权力真空,接着就是军阀混战。在此长达十余年的混战中,曹操终于扫平群雄,逐渐掌握中原的控制权。最后的唯一劲敌仍为袁绍,曹操又还是能够以少胜多,终于在官渡之战中彻底击败袁绍(公元200年),并建立统一中国的初步基础。

曹操对袁绍的胜利真可谓得来不易呀。其理由安在?诸葛亮在其《隆中对》中曾提供过非常合理的解释:"曹操比于袁绍,则名微而众寡,然操遂终能克绍,以弱为强者,非惟天时,抑亦人谋也。"

诸葛亮所说的"人谋",其意义即为"战略"。

战略是现代名词,又可分为两个层面,即为军事战略和大战略。我国古代所用名词,例如计谋都含有战略的意义,至于"用兵"则是专指军事战略而言。三国时代可谓人才辈出,但以军事战略而言,还是无人能及曹操。诸葛亮在其《后出师表》中所云:"曹操智计,殊绝于人,其用兵也,仿佛孙吴。"足以显示他对曹操的善于用兵,推崇备至。

建安十三年(公元208年)七月,曹操大举南征,荆州顺手而下,接着即为"赤壁之战"。在孙、刘协力抵抗之下,他输掉了这场会战。从此曹操不再有进一步的发展,鼎足之势也终于形成。

赤壁之战前一年(公元207年),刘备三顾茅庐请出了诸葛亮。他那时只有二十六岁,要比刘备小二十岁;诸葛亮对刘备的贡献是尽人皆知,在此不必细述。总而言之,他是历史小说中最伟大的人物。为什么这样说,因为根据正史的记载,可以发现小说(《三国演义》)的描述有很多夸大不实之处,并且使后世产生了很多的错误认知。

首先应指出,陈寿的《三国志》是一部合格的史书,尤其是其对诸葛亮的评论不仅是公正客观,而且更可以说是推崇备至。陈寿在《诸葛亮传》中所作的总评指出:

> 亮才子治戎为长,奇谋为短,理民之于优于将略。而所对敌或值人杰,加值众寡不侔,攻守异体,故虽连年动众,未能有克。昔萧何荐韩信,管仲举王子城,皆忖己之长未能兼有故也;亮之器能政理抑亦管萧之亚匹也,而时之名将无城父,韩信,故使功业陵迟,大义不及邪?盖天命有归,不可以智力争也。

陈寿的评论值得深入分析，可以分为下述四点：

（一）大战略与军事战略是两个不同的层面，长于前者不定长于后者。

（二）战争是一个相对性的问题，对方指挥官的水准、数量的差距、攻守异势都足以影响胜负，孔明固然是天下奇才，但司马懿也非弱者。

（三）诸葛亮并非不知良将之重要，但蜀国是一个落后小国，他无法找到适当的人才，此即俗语所谓"蜀中无大将，廖化作先锋"。

（四）战争的确是会受到天命的影响，所以并非完全可以凭借智力来决定胜负。

陈寿把诸葛亮列于和管仲、萧何平等的地位，可以说是非常得体，因为他们都是良相而非良将。在此又不禁令人想到西方历史的类似故事，假使俾斯麦没有老毛奇来与他配合，则他也还是不能三战三胜、完成德国的统一大业。

尽管如此，但后世还是有人对陈寿不予谅解，认为他不应批评诸葛亮"奇谋为短"。为什么会有这样的想法，其原因是小说和民间的传说把诸葛亮形容成一个"完人"，所以大家都不愿意看到他们心目中的完人形象受到破坏。事实上，人一定会有弱点和犯错误，即令是完人也在所难免。

清代学者章学诚在《丙辰剳记》书中指出："凡衍义之书如列国志……金瓶梅之类，全凭虚构，皆无伤也。惟三国演义则七分实事，三分虚构，以致观者往往为所惑乱。"历史所要求者为"真实"（truth），假使书中有三分虚构的小说居然被大家视之为真实，则所造成的伤害的确是太大了。诸葛亮是小说所塑造的第一尊完人偶像，所以关于他的事实也就受到非常多的歪曲和误解。

首先从"军师"说起,它只是一种官衔,而并不具有全军之师的意义。诸葛亮最初是与庞统并为"军师中郎将"(见《庞统法正传》),到曹丕称帝后,刘备的幕僚上书劝进,领衔的人是太傅许靖,军师将军诸葛亮则名列第三。可以证明"军师"只是一种头衔而并非职务(见《先主传》)。

刘备在世的时候,诸葛亮的贡献似乎都是在外交内政方面,至于用兵作战,刘备常自有主张,并不一定尊重他的意见,甚至于也不征询他的意见。"成都平,以亮为军师将军。先主外出亮常镇守成都,足食足兵。"由此可见陈寿将其与萧何相比,实在是很恰当。

刘备反而比较尊重法正的意见,《先主传》上说,他以诸葛亮为股肱,法正为谋主。所谓谋主就是现代语中的参谋长。建安二十三年(公元217年)刘备接受法正的建议,进兵汉中,这一次汉中战役打到建安二十四年才结束,刘备赢得一次光荣的胜利,也就是京剧中《定军山》这幕戏的来源。当曹操得知那是法正之谋,曾经这样说:"吾故知玄德不办有此,必为人所教也。"

很可惜,法正在次年就死了,年仅四十五,刘备为之流涕累日,诸葛亮与法正虽好尚不同①,以公义相取。亮每奇正智术。当刘备决心东征以复关羽之耻,群臣多谏不从,以后大败而归,诸葛亮叹曰:"法孝直若在,则能制主上,令不东行;就复东行,必不倾危矣。"由此可知孔明也自知刘备对他的信服是不如对法正的(以上均见《庞统法正传》)。

诸葛亮是在刘备称帝后始出任丞相,到刘备死后才正式接管

---

① 好尚不同,好:情趣和爱好;尚:所推崇的事物。指所喜欢的和所推崇的各不相同。也指各个国家或地区的社会风尚不相同。——编者注

国政,至于亲自指挥作战则更是只限于"六出祁山"那个阶段(227—234)。虽然受到各种客观因素的限制,但他没有赢得战争又确为事实。因此陈寿的评语并非毫无根据。

官渡与赤壁

在战争研究的领域中,通常是分成三个层面。最高的层面为战争(War),中间的层面为战役(Campaign),最低的层面为会战(Battle)。战争可能依照空间或时间而划分成为几个战役,而一个战役之中又可能有几个会战。假使某一会战对于整个战争的结果产生决定性作用,则史学家称之为"决定性会战"(decisive battle)。古代的战争规模都不大,所以战役与会战几乎不可分,这样也就更增加了会战的决定性。所谓一战定江山,诚非虚语。我国古书一向对于"役"字和"战"字不加区别,混合使用,但时至今日,学者最好是用"××之战"来表示会战,而不再用"××之役",以免混淆。

并非所有的会战都具有决定性,实际上,历史中的决定性会战并不多。以三国时代而论,只有两次会战可以算是决定性会战。第一次是"官渡之战"(公元200年),第二次是"赤壁之战"(公元208年)。这两次会战的主角都是曹操,前者使曹操稳定了其霸业基础,统治了全国的中央部分,解除了后顾之忧;后者使曹操统一中国的雄心受到严重的挫折,于是诚如诸葛亮所预测"鼎足之形成矣"。赤壁一战使统一的汉朝终于变成分裂的三国,对于历史而言,其为决定性会战应无疑问。

建安五年(公元200年)二月,袁绍亲率大军进逼黎阳,派大将颜良渡黄河围攻白马,曹操用声东击西之计,解白马之围并斩颜良。接着遂向延津撤退,袁绍派另一大将文丑追击,曹操又用诱敌之计,大败追兵,并斩文丑。曹操赢得两次序战之后,仍继续诱敌深入,主动撤回到官渡(黄河渡口),于是双方相持达一段时间。

十月,袁绍遣将淳于琼运粮,屯于乌巢(在其大营以北四十里处)。曹操获得情报,立即亲率精锐五千人夜袭乌巢,并放火烧粮。袁绍得知后,除派兵救援乌巢外,更亲率大军进攻曹操的官渡大本营。虽情势颇为危急但曹操不为所动,终将乌巢屯粮全部烧毁,始回师官渡。

由于屯粮尽失,生命线被切断,袁军在心理上受到重大打击,甚至于自相惊怵,不战自溃。曹军乘势全面出击,大败袁军,歼敌七万余人,袁绍仅率八百骑逃回河北,从此一蹶不振。

官渡的胜利还只是第一步,此后几年内,曹操乘胜北进,消灭了袁家残余势力,夺取了幽、冀、青、并四州之地。建安十二年(公元207年)又亲率大军出庐龙塞(今喜峰口),击败与袁军残部勾结的乌桓部落,终于完成统一北方的工作。

建安十三年(公元208年)七月曹操开始南征,他本以为可以获得一次轻松的胜利,顺利地完成其统一中国的大业,哪知事与愿违,真是有如诸葛亮所云"夫难平者事也"。曹操的计算照理说来应该是没有错。荆州的刘表懦弱无能,几乎可以说是毫无抵抗能力。而江东的孙权,在曹操眼中看来,只能算是乳臭未干的小孩。南征失败后,曹操才感慨地说"生子当如孙仲谋",可以证明他始终把孙权当做晚辈看待。

关于荆州的部分的确如其所料。本已多病的刘表在八月间忧郁而死,九月曹军兵临新野,刘表幼子刘琮迎降。寄居樊城的刘备在撤退途中也在长坂为曹军追兵所击败(长坂为地名)。不过,很侥幸,刘备还是保留了若干残余实力,与在夏口的关羽、刘琦部队会合,还有两万余人。这对于后事的发展是一个很重要的关键。因为还有这点本钱,诸葛亮才敢于建议:"事急矣,请奉命求救于孙将军。"

曹操进占荆州之后,立即对孙权展开招降工作,吴下群臣多主张投降,而只有周瑜、鲁肃等少数人主战。孙权本人也感到犹豫不决,幸亏诸葛亮此时到达,他的说辞非常锋利,直指孙权的心理弱点,才使他决心一战。

孙权之所以不决,主要是由于兵力不足的考虑,当周瑜希望能获五万精兵时,孙权只能同意暂时给他三万人。所以刘备的两万人对于孙权和周瑜都是一个非常重要的因素,有了这点兵力,遂能使孙权下定决心,使周瑜能完成其作战部署,尤其是更使刘备对孙权取得平等的同盟地位。

赤壁之战的史料非常贫乏,严格说来,我们实在不知道它是怎样打的,甚至于也不知道其正确时间和地点。根据历史记录,可以勉强获得下述几点认知:

(一)双方兵力:联军方面很容易确定,周瑜有三万人,刘备有二万人,合计为五万人。但曹军的数量则较难估计,八十万当然是夸大其辞。周瑜认为总数不过二十万,其余部分为荆州降军,不可信赖,素质也差。其北方部队不但不服水土,而且也不善水战。诸葛亮的估计与周瑜大致相同,不过有两点必须说明:(1)总兵力与会战兵力,并不相等。曹军南来,对于后方若干城镇必须留下驻军,所以投入会战的兵力必然比总数少,也许相对于联军只是略占优势。(2)水战是一重要因素,这个战场很特殊,两军主力相隔一道大江,因此,不善水战的部队必然居于劣势。

（二）时间地点：曹操九月进入荆州，接着他要接收地盘、调整部署并等候东吴对招降的回答，花掉一个月的时间，似乎是很正常。所以，会战发生的时间应该是在十一月，假使此种推断正确，则又可以获得两点结论：(1) 曹军确已成强弩之末，此时北方部队早已归心似箭；(2) 长江流域十一月号称小阳春，吹东风是常事，所以孔明也就不必"借"了。地点也是一个谜，现在大家都认为是在湖北嘉鱼县西南，赤壁是一座山，位于长江右岸，周瑜的主力位置在此。对岸为乌林，也就是曹军的集中地。所以，一般人说"火烧赤壁"是完全不对的，烧的是乌林而不是赤壁。

（三）会战经过：历史对这次会战的经过记载得非常简略，也很模糊。我们对双方"战斗序列"完全不知道。只有两个因素可以确定，那就是"欺骗"（deception）和"奇袭"（surprise）。黄盖诈降使曹操受骗，于是产生了奇袭作用，终使北军大败。有人认为曹操那样精明的人怎么会受骗，似乎不可思议。实在很容易解释，当时东吴群臣，尤其是老一辈，想降曹的人很多，所以黄盖真想投降并非不可能。"火攻"在古代很普遍，《孙子》列有专篇（第十二篇），为何曹操不曾注意，也许是孙子虽曾说"凡火攻有五"但并不曾把"火船"列入。最后还有一点必须指出，由于受到小说夸大描写的影响，许多人以为曹军是一把火烧垮的。事实上绝非如此，火攻只是会战的序幕，假使联军不发动突击，则曹军不会自动崩溃。

（四）刘备的贡献：于是又引到另外一个疑问：刘备在会战中扮演何种角色？照历史和小说的记载，这场会战好像是周瑜一个人打的，刘备只是旁观而已。事实上绝对不可能如此。联军一共只有五万人，刘备所部占了两万，在决定性会战中居然不参加，岂非怪事。刘备参战，另有一项旁证，后来发生荆州主权争论时，关羽曾指出:"乌林之役,左将军身在行间,寝不脱介,自力破魏,岂将徒劳而无块壤?"因此似乎可以假定在会战时,周瑜是从长江南岸直趋北岸,发动正面攻击。在此同时,刘备的精兵就在北岸上打击曹军的背面,与南面登陆的吴军会合,前后夹攻之下,曹军才会全面崩溃。这样的想象可谓入情入理,但可惜历史并无这样的记载。

(五)胜负与后果:赤壁之战虽缺乏完整记录,但其胜负与后果却十分明白。曹操的确遭遇到一次惨败,而更重要的是从此他对南征的兴趣已大打折扣,以后他虽曾再度征吴(公元 213 年),但只是半途而返。所以三国的时代也就从此真正开启。

此外还有两个问题值得推敲。其一是以曹操那样伟大的战略天才为什么会如此惨败?其次是诸葛亮对于此次会战有何直接贡献?

先从曹操说起。古今中外的名将都曾打过败仗,此所谓胜负乃兵家常事,曹操也自不例外。至于他之所以输掉这次会战,其主因是天时地利人和三种因素都对他不利,而他对于晚一辈的人才周瑜、孙权、诸葛亮等都无认识,并且作了过低的评估。简言之,对酒当歌的曹操到此时已经不免有自满轻敌的趋势。

现在再说到诸葛亮。他在战前说服孙权,使其决心一战,应该算是他的最大贡献,但在会战中,他既不曾借东风,又不曾草船借箭,甚至于他也不曾像刘备那样身在行间。所以总结言之,他对于会战本身并无任何直接贡献。

战略与大战略

曹操不仅天才极高,而且也非常好学。陈寿说他"博览群书,特好兵法"。据说他也写了不少的军事著作,有《孙子略解》一卷、《兵书摘要》十卷、《兵书要略》九卷、《兵法》一卷。但非常可惜,这些书到今天都早已完全散佚。

不过,从战略思想的观点来看,曹操的最大贡献又还是他对《孙子》所作的注解。曹操是第一位注解《孙子》的人,而他的注解也的确非常有价值。他不仅能以精练的文字解释孙子思想的重点,而且还常能根据其本身的经验,来对孙子的见解作更进一步的阐明。所以"曹注"是备受后人尊重,并且也替后世注解《孙子》的学者建立了一种适当的模式。仅凭此一贡献,即可以奠定曹操在战略思想史中的不朽地位。

曹操不仅精通兵法,而且更善于用兵。诸葛亮称赞"其用兵也,仿佛孙吴"可为定论。简言之,曹操之于孙子,可以说是学以致用。宋代的何去非[①],毕生研究武学,用现代眼光来看,可以算是一位专业性的战略家,他曾参加《武经七书》的校订工作,并曾任"武学博士",在我国战略思想史中获有此项荣衔而有文献可考者可能仅有他一人。在其留传的《何博士备论》书中曾有下述的名言:"言兵无若孙武,用兵无若韩信、曹公。"诚可谓要言不烦,足以说明曹操与孙子在思想上的渊源。

诸葛亮在蜀国亡国时还留有很多文件,经过陈寿等人整理,删

---

① 何去非,字正通,北宋浦城(今福建省浦城)人。喜谈兵学,元丰五年(公元1082年),被任命为右班殿直、武学教授,不久升任武学博士(中国历史上第一个)。善于做文,颇受苏轼赏识。参与校订了《孙子》《吴子》等武经七书,使之成为后世武经经典。他曾经受到曾巩力荐,苏轼在看过他的作品《何博士备论》后,也曾两度鼎力推荐。《何博士备论》为我国古代兵书的经典之一,何去非因此闻名天下。直到今天,这部兵书都具有重要意义与参考价值。岳麓书社、解放军出版社等多家出版社均有出版《白话何博士备论》。——编者注

除重复，编为二十四卷，并在《三国志·诸葛亮传》中列出"诸葛氏集目录"，说明共十万四千一百一十二字。现在原书已不存在，但从所列目录内容看来，大致都是与内政有关，其有关军事的部分不及一半，尤其是对大战略层面更是很少触及。

此外，后世又有若干兵书都题为诸葛亮著，例如《将苑（心书）》《便宜十六策》等，而清人张澍还编有《诸葛忠武侯文集》。不过那些书是否为诸葛亮所著实在颇有疑问。尤其是若从它们的内容上来看，大致都只是限于用兵的层面，几乎很少能够达到较高的层面。因为我们相信有如陈寿所云，用兵（军事战略）并非诸葛亮所长，所以，这些书即令真是诸葛亮所著，也不一定有太多的价值。

然则又有何种文献足以显示诸葛亮的确是长于大战略，或者他确有高人一等的大战略思想呢？事实上，不需要多举例，有两篇几乎是尽人皆知的名文能充分表现出诸葛亮的大战略天才和特长。

第一篇是《隆中对》，那是诸葛亮在初出茅庐之前与刘备纵谈天下大事的谈话记录。陈寿在《三国志》中有完整的记载，被世人公认为非常重要而可以信赖的资料。《隆中对》可以显示作为大战略家的诸葛亮，眼光是如何高远，思考是如何周密。甚至于可以说，仅凭《隆中对》即可了解诸葛亮的原始大战略构想。这一篇文章与诸葛大名同垂宇宙，其内容值得精密分析。

第二篇是《后出师表》，因为陈寿在《三国志》中只记录《前出师表》全文，而完全不曾提到《后出师表》，此表只见于裴松之注。裴氏说："此表为亮集所无，出张俨默记。"表中有"丧赵云"一语，据考证，赵云死于后主建兴七年，而亮上此表时为六年，不应有此记载，

第五章 曹操与诸葛亮：比较研究

所以后世遂有人认为此表为伪作。黎东方[①]先生在《新三国》书中曾予以辨正，认为仅凭此一时间记载，而无其他旁证，不足以证明此表为伪作。

不管是真是假，本章的目的不在于考据，而是认为从《后出师表》的分析中可以对诸葛亮的大战略思想获得更深入的了解。因此，遂又可以断言该表不可能为伪作。因为只有诸葛亮才能写得出这样的文章，而且这篇文章也能充分说明其晚年的处境和思想。

因为二文都相当长，所以不拟全录。好在以本书读者的水准而言，大致都已读过这两篇文章，至少是不难找到其全文。在阅读下文时，请同时参照原始资料。

诸葛亮在与刘备的对话中，首先以曹操能胜袁绍的实例，说明事在人为，成功要靠人谋（战略）的基本道理。接着就作情况分析，并获致四点结论：

（一）不可与曹操争锋。

（二）江东可以为援而不可图。

（三）荆州为用武之国而其主不能守。

（四）益州刘璋软弱，智能之士思得明君。

[①] 黎东方（1907年9月15日—1998年12月30日），河南省正阳县皮店乡人，原名智廉。1907年9月15日出生于江苏省东台县。其父黎淦，清季举人，仕于江南。曾受业于国学大师梁启超，又曾师从法国史学权威马第埃教授，学贯中西。1963年后历任麦迪逊市威斯康星大学客座教授、台湾中国文化大学教授、美国加州州立大学费雷斯诺分校教授、圣地亚哥城私立国际大学史学教授，又应英国牛津大学之邀，赴英讲述中国彩陶与里海东境彩陶之比较，被誉为"中国之汤因比"。重要著作有《中国史之研究》《中国上古史八论》《西洋通史序论》《中华民国简》，长篇自传《平凡的我》，以及他所独创的"细说体"系列史书《细说三国》《细说元朝》《细说明朝》《细说清朝》《细说民国创立》等，还有大量英文著作和译著。——编者注

基于以上的分析,则刘备所应采取的大战略遂至为明显:

(一)夺取荆益二州,以为霸业基地。

(二)利用内政外交以巩固权力基础。

(三)天下有变,始发动钳形攻势,以期一举而兴复汉室。

很明显,诸葛亮所提出的是远程计划,自然没有预定的时间表,其所重视者为总体而非细节,为未来而非现在,其所拟定行动分三阶段是完全合乎逻辑,而其中心观念即为"联吴伐魏",三个权力集团之中,曹操势力最大,刘备势力最小,刘备若欲击败曹操,则必须与强权结盟,此乃自然之理。所以,在诸葛亮尚未出山之前,即已确认"联吴"为其大战略计划的主轴。诸葛亮在整个计划中所最重视者为第二阶段,必须能"外结好孙权,内修政理",然后刘备始能立于不败之地。

于是才达到第三阶段,诸葛亮又作一假定:"天下有变。"这一点非常重要,必须天下有变,始能发动最后攻势。但若无变则不可轻举妄动,而只能隐忍以待时。

诸葛亮出山是建安十二年,次年即发生赤壁之战。战后获得机会使其大战略计划的第一阶段得以逐步实现,但等到"跨有荆益"之后,吴蜀关系已日益恶化,于是局势的发展遂有如《后出师表》在结尾处所云:"吴更违盟,关羽毁败,秭归蹉跌,曹丕称帝。"诸葛亮在《隆中对》中的原始大战略构想遂从此不再有实现的可能。

刘备死后,诸葛亮始正式当国(公元223年),到后主建兴十二年(公元234年)才逝世,所以,这十一年间应可称为"诸葛亮时代"。他的处境非常恶劣,所接管的是一个脆弱而危险的国家。外交上完全处于孤立,内部危机重重,已有分离分子出现,而边区还有南蛮的叛乱。所以,诚如诸葛亮所云:"此诚危急存亡之秋也。"

面对这样的环境,诸葛亮又应采取何种大战略?他所作的决定有二:(1)联吴制魏;(2)以攻为守。

"联吴"本是《隆中对》的基本观念,诸葛亮对此深信不疑。过去因为种种原因,以至于未能贯彻,并导致不利的后果,现在再来重谈联吴的老调,当然会遭到更多的困难。但诸葛亮仍能毅然采取与吴结盟的政策,实可充分显示其果断和明智。诸葛亮的联吴算是相当成功,自他执政之后,双方即能合作无间,使蜀国解除东顾之忧,甚至于在其逝世之后,此种政策仍能继续推行,直到蜀亡时为止。

"以攻为守"是在诸葛亮执政之后才出现的新观念,曾经引起很多的争论和反对。诸葛亮为什么要坚持采取伐魏的行动的确令人感到疑惑,而尤其是他在《隆中对》中认为必须"天下有变"始可发动攻势,现在天下无变,而"益州疲弊",为什么还要劳师动众,的确令人对孔明的神机妙算,有一点莫测高深。

假使说诸葛亮的目的是只限于防守,则似无一再发动攻势之必要。因为益州险塞,只要凭险固守即能达此目的,于是可保存较多资源以厚植国力。反而言之,以诸葛亮的战略修养,应知天下三分已成定局,如果天下无变,仅凭一州之地,根本不可能收复中原。所以,他的行动似乎已经违反自己的原则。

然则诸葛亮决心伐魏是否真是自有道理?《后出师表》一文实际上即为诸葛亮对其大战略(政策)所作的辩护和解释,这一篇文章值得深入分析,其理由即在此。

诸葛亮当政之初,首先是整理内政,平定南蛮,到建兴五年才领兵进驻汉中,开始伐魏的行动。次年春季,战争正式展开。最初进展颇为顺利,其主因是魏国上下以为"蜀中惟有刘备,备既死,数岁寂然无声,是以略无备预,而卒闻亮出,朝野恐惧,陇右,祁山尤甚,故三郡同时应亮"。但由于诸葛亮误用马谡为前卫指挥官(督诸军在前)遂败于街亭。这次失败对诸葛亮是一严重打击,使国内反战派有了对他大肆攻击的机会。诸葛亮遂不得不杀马谡并自贬以平众怒,但诸葛亮并未改变其决心,到年底(或次年初)又发动第二次攻势,行前发表《后出师表》,其目的即为对其攻势战略作一次总辩护,并解释蜀国此时必须以攻为守的基本理由。

《后出师表》也像《隆中对》一样,足以充分显示其作者的高度智慧和见识。从事战略研究的后世学者都应视之为思考和写作的典型。现在就将其原文大意分析如下:

诸葛亮首先举出先帝的遗命以说明其政策的合法性,同时提出"然不伐贼,王业亦亡,惟坐而待亡,孰若伐之"的基本理念。由于首次出师不利,在国内已经引起很多非议和责难,所以诸葛亮必须列举很多史例和事实,来证明其决策有其充分的理由。他采取反问的形式,一共提出有六点是他无法了解者(此臣之未解),借以反驳反对者的意见:

(一)以高祖为例,说明像高祖那样圣明,也还是必须"陟险被创,危然后安"。所以,怎样能希望"以长策取胜,坐定天下"?

(二)以刘繇[①]、王朗[②]为例,说明由于"今岁不战,明年不征",

---

① 刘繇(yáo,一读 yóu)(156—197 年),字正礼,东莱牟平(今山东牟平)人,东汉末年官员、汉室宗亲,齐悼惠王刘肥之后,太尉刘宠之侄。

初被举为孝廉,任郎中。授任下邑长,因拒郡守请托而弃官。后辟司空掾,除侍御史,因战乱未到任,避居于淮浦。诏书任命其为扬州刺史。先后与袁术、孙策战,朝廷加其为扬州牧、振武将军,但最终还是败归丹徒。又击破反叛的笮融,不久病逝。——编者注

② 王朗(?—228 年 11 月),本名王严,字景兴。东海郯(今山东郯城西北)人。汉末三国经学家,曹魏初期重臣。

(转下页)

才使"孙策坐大,遂并江东"。

(三)以曹操为例,说明曹操虽善于用兵,但仍遭遇多次危难,始"伪定一时",自问才不如曹操,又何能"以不危而定之"?

(四)仍以曹操为例,说明其计算常有失误,然后特别指出"先帝每以操为能",以来反衬"况臣驽下,何能必胜"?

以上四点部是以史为例,下列两点则直接进入现实问题。其措辞也远较锋利,直指问题的核心,足以使反战者无法反驳。

(五)最严重的问题是精锐人员的消耗。诸葛亮提出非常严厉的警告:"若复数年,将何以图敌?"所以采取纯粹的守势,即无异于坐以待亡。

(六)最后是从经济观点来立论,"住与行,劳费正等",所以不可能以一州之地与贼持久。

"以攻为守"是具有高度政治意义的大战略。当时蜀国内部已经人心颓丧,缺乏斗志,必须发动攻势始能团结内部,渡过难关,若仅采取极守势,即无异于自认失败。从外交观点来看,"以攻为守"又与"联吴制魏"有微妙配合。蜀国一再发动攻击,才能使吴国尊

(接上页)王朗师从太尉杨赐,因通晓经籍而被拜为郎中。后因杨赐去世而弃官。后来被举孝廉,但王朗不应命。徐州刺史陶谦又举其为茂才,拜治中从事。迁任会稽太守,任内获百姓爱戴。孙策攻会稽时,王朗举兵抵抗,为其所败,在无法逃亡时投降,孙策敬重王朗而未加害。

后为曹操所征,辗转数年后才抵达,拜为谏议大夫、参司空军事。后为魏国军祭酒,领魏郡太守,又任少府、奉常、大理等职。曹丕继王位时,迁御史大夫,封安陵亭侯。曹丕受禅建魏后,王朗改任司空,又进封乐平乡侯。曹叡继位后,迁司徒,进封兰陵侯。在太和二年(228年),王朗去世,谥号成。其孙女王元姬,嫁于晋文帝司马昭,生晋武帝司马炎。

王朗学识渊博,与其子王肃都为经学大家。著有《周易传》《春秋传》《孝经传》《周官传》等,有文集三十四卷。——编者注

重其国力,而愿意与其合作,并且会起而效尤,与魏国交战,发挥制魏的实质效果。

总结言之,只要把《隆中对》和《后出师表》两文详细加以分析,即应能了解诸葛亮在大战略领域中的天才和智慧。

结　　论

除才智以外,诸葛亮的人格也一向为后世所敬重,几乎可以说没有什么人敢于对他有不利的批评,正因此,小说也就对他作了近似神话式的描述。《三国演义》一共为一百二十回,其中约有七十回都是以诸葛亮为主要描写对象。但很不幸,对诸葛亮的最大优点却很少触及,而对其所短者则作了许多夸大不实的描述,甚至于完全是虚构。其结果遂使诸葛亮在世人心目中变成一位神仙或妖道。所以《三国演义》对于历史和战略的研究都足以构成绊脚石,尤其是有若干记载更是错误的,例如所谓"空城计"不仅是完全虚构,而且当时诸葛亮所面对的敌人也并非司马懿而是张郃,真可谓误尽苍生。

反而言之,因为诸葛亮被后世视为完人,于是对比之下,曹操也就变成了所谓"奸雄",并且成为世俗所唾弃的对象。事实上,直到北宋时,曹操还是受到相当的尊重。唐代大诗人杜甫在赠将军曹霸的诗中曾有诗句如下:"将军魏武之子孙,于今为庶为清门,英雄割据虽已矣,文采风流今尚存。"北宋司马光在编撰《资治通鉴》时以魏为继汉之正统,对曹操并无任何谴责之词。

曹操被视为"奸臣"的观念是在南宋时期才开始流行的。

其原因大致可以归之于两点：（一）南宋时秦桧①、贾似道②、韩侂胄③等权臣当国，引起国人高度不满，所以用曹操来作为责骂泄恨的代表。（二）南宋偏安江左，于是遂以蜀汉自居，而把割据中原的少数民族视为曹魏。爱国诗人陆游（放翁）有诗曰："邦命中兴汉，人心大讨曹。"即为此种心理的证明。

《三国演义》的原始作者罗贯中是元末明初人，曾受少数民族统治。有强烈的"思汉"情绪，所以在书中对曹操也常有意地予以

---

① 秦桧（1090年—1155年），字会之，汉族，生于黄州江边舟中，先居住在常州，后徙居江宁（今江苏南京）。南宋著名权臣、主和派代表人物。政和五年（1115年），秦桧进士及第，中词学兼茂科，任太学学正。宋钦宗时，历任左司谏、御史中丞。靖康二年（1127年），因上书金帅反对立张邦昌，随徽、钦二帝被俘至金，为挞懒信用。宋高宗建炎四年（1130年），秦桧逃回临安，力主宋金议和。绍兴元年（1131年），擢参知政事，随后拜相，次年被劾落职，绍兴八年再相，前后执政十九年，历封秦、魏二国公，深得高宗宠信。绍兴二十五年（1155年），秦桧病逝，赠申王，谥忠献。开禧二年（1206年），宋宁宗追夺其王爵，改谥谬丑。
秦桧在南宋朝廷内属于主和派，奉行割地、称臣、纳贡的议和政策。第二次拜相期间，他极力贬斥抗金将士，阻止恢复旧山河；同时结纳私党，斥逐异己，屡兴大狱，是中国历史上著名的奸臣之一。——编者注
② 贾似道（1213—1275年），字师宪，号悦生、秋壑，宋理宗时权臣。浙江天台屯桥松溪人。贾涉之子，生母胡氏是贾涉小妾。贾涉死时，贾似道年仅11岁。端平元年（1234年）以父荫为嘉兴司仓、籍田令。嘉熙二年（1238年）登进士，为理宗所看重。淳祐初以宝章阁直学士为沿江制置副使，任江州知州，兼江南西路安抚使，再调京湖制置使，兼江陵知府。加宝文阁学士、京湖安抚制置大使。宝祐二年（1254年）加同知枢密院事，临海郡开国公。宋理宗以"师臣"相称，百官都称其为"周公"。咸淳九年（1273年），襄樊陷落，德祐元年（1275年）贾似道率领精兵13万出师应战元军于丁家洲（今天安徽铜陵东北江中），大败，乘单舟逃奔扬州。群臣请诛，乃贬为高州团练副使，循州安置。行至漳州木棉庵，为监押使臣会稽县尉郑虎臣所杀。——编者注
③ 韩侂胄（tuō zhòu，1152—1207年）字节夫，河南安阳人，南宋中期权臣、外戚。北宋名臣韩琦之曾孙，父亲韩诚官至宝宁军承宣使，母亲为宋高宗吴皇后妹妹，侄孙女是宋宁宗恭淑皇后。韩侂胄以父任入官，淳熙末，以汝州防御使知阁门事。绍熙五年，与宗室赵汝愚等人拥立宋宁宗赵扩即位，以"翼戴之功"，官至宰相。任内追封岳飞为鄂王，追削秦桧官爵，力主"开禧北伐"金国，因将帅乏人而功亏一篑。后在金国示意下，被杨皇后和史弥远设计杀害，函首于金。韩侂胄禁绝朱熹理学与贬谪宗室赵汝愚，史称"庆元党禁"。——编者注

丑化，与其对诸葛亮、关羽等人的赞美，恰好成为强烈对比。这样在后世社会民心上所造成的印象，也就不是历史的记载所能改变和纠正的了。

不过，有一点又必须认清，所谓忠奸之辨是属于伦理道德领域和范畴的问题，与战略研究几乎毫无关系。但从战略观点来比较曹操与诸葛亮的优劣长短，其公正的结论又应该是如何呢？

基于诸葛亮本人以及后世群贤（例如何去非）所作的评论，**可以确认：曹操在三国时代是首席军事战略家，其善于用兵可以与韩信媲美，其对《孙子》的注解，更是可与孙子同垂不朽。诸葛亮则诚如他自己所承认以及陈寿所评论，军事战略不如曹操，而且也并非其所长。**

不过根据文献的证明，又可以确认诸葛亮之所长是在大战略方面。但令人惋惜的是，由于受到种种因素的阻碍和限制，他未能尽其所长，结果遂终如杜甫的诗所云："出师未捷身先死，长使英雄泪满襟。"

第六章
李卫公问对

引言　　　《问对》卷中
其人其书　《问对》卷下
《问对》卷上　结论

引　言

《李卫公问对》在《武经七书》之中的正式书名为《唐太宗李卫公问对》，常简称为《唐李问对》(本章则简称《问对》)。

那是一本用问答体写成的古代兵书，以时代而论，应该是《武经七书》中最后的一本，但很奇怪，在宋版七书中，其编排列第四位，仅在《孙子》、《吴子》、《司马法》之后，而在《尉缭子》、《黄石公三略》、《六韬》之前，其原因安在，无法理解。

这本书的内容为唐太宗(599—649)与李卫公(571—649)二人讨论兵法的问答记录。全书分上、中、下三卷，字数约一万有余，但各书所计算数字又有差异：《中国兵书通览》为一万零三百字，《中国兵学文化》为一万三千字；书中问答均由唐太宗发问而由李卫公作答，其所记录的条数，各书亦不相同：《中国兵学文化》为九十八个问对，《中国古代军事思想概论》则认为只有五十四次问对。至于《中国军事思想史》的计算则更为复杂：上卷三十四问，中卷三十问，下卷二十二问。其所以有如此复杂的差异，原因是各书的计算方式并不相同。

中国古代兵书采取问答形式者固然很多，例如《吴子》、《六韬》，但实际上，问者是非常简单，而只留下答者独抒己见而已。这本书所记则为例外，要算是真正的自由讨论。尤其是问者常追根究底，而答者也反复辩解。所以，不仅分析颇为深入，而且更具启发价值，多少应该算是一种特色。

《问对》虽已成书千余年,但在古代兵书中却是一本相当冷门的书。从古到今都很少有人研究,许多年来都很少看到有以该书为主题的论著。实际上,从战略研究的观点来看《问对》,是一本很值得研读的古代兵书,其理由可以简述如下:

(一)唐太宗在我国历史上是一位非常伟大的人物,其文治武功,固不待言,尤其是有超人的天才,而且又能好学好问,真可以说是天纵之圣。从《问对》书中,我们可以体会到这一位天才皇帝的智慧和风度。在战略思想中,他的地位远超过拿破仑。

(二)李卫公的战略天才与唐太宗可说是伯仲之间,而其学养之深则有过之而无不及。所以,他们两人在互相讨论学问时,真是棋逢敌手,让旁观者(读者)有如醉如痴之感。所以不要小看了这一本书,它是两位战略天才的对话。

其 人 其 书

在研读一本著作之前,必须先了解其作者的背景资料。《问对》为两位古代战略家之间的对话,所以必须先对这两位对话主角的生平作一简要介绍,然后始能了解其思想来源,欣赏其智慧结晶。

唐太宗即李世民,为唐朝开国皇帝高祖(李渊)次子,从小就显示其军事天才。十八岁时即辅佐其父起兵反隋。在唐朝开国战争中,李世民立下了汗马功劳,几乎攻无不克,战无不胜,有用兵如神之誉。二十九岁时即位为帝,在位二十二年,所谓"贞观之治"为后世所向往。我国历史中,唐太宗的文治武功可与汉武帝相提并论,某些方面甚至于犹有过之。

唐太宗是一位天才型领袖,智慧极高,但并不以此自满,而能勤于听政,知人善任,不耻下问。其朝中贤臣,如房玄龄①、杜如晦②等,均为一时之选,直言敢谏,而太宗本人则从善如流,此即为导致"贞观之治"的主因。在军事方面,他是真正的内行,其学识经验都是群臣所不能及。不过,也许有惟一的例外,其人即为李卫公(李靖)。

唐代初期的武功常为后人所羡慕,但赫赫武功的反面即为外患的连续不断。《新唐书》说:"唐兴、蛮夷更盛衰,尝与中国抗衡者有四:突厥、吐蕃、回鹘、云南(南诏)是也。"

南北朝末期,北方民族以突厥最强。隋初,突厥分为东西。西突厥居乌孙故地,去中国较远,尚不能为中国患,能为中国大患者则为东突厥。隋朝统一中国后,国盛骤强,东突厥上表称臣。不久

---

① 房玄龄(579—648年8月18日),名乔,字玄龄,以字行于世,今山东济南章丘相公庄街道房庄村人,房彦谦之子,唐初名相。

房玄龄18岁时本州举进士,授羽骑尉。在渭北投秦王李世民后,为秦王参谋划策,典管书记,是秦王得力谋士之一。武德九年,他参与玄武门之变,与杜如晦、长孙无忌、尉迟敬德、侯君集五人并功第一。唐太宗李世民即位后,房玄龄为中书令;贞观三年二月为尚书左仆射;贞观十一年封梁国公;贞观十六年七月进位司空,仍综理朝政。贞观二十二年七月廿四癸卯日,房玄龄病逝,谥文昭。

永徽三年,玄龄次子遗爱与其妻高阳公主被指谋反,遗爱被处死,公主赐自尽,诸子被发配流放到岭表。玄龄嗣子遗直也遭连累,被贬为铜陵尉。房玄龄配享太庙的待遇也因而被停止。

因房玄龄善谋,而杜如晦处事果断,故人称"房谋杜断"。后世以他和杜如晦为良相典范,合称"房杜"。《新唐书》本传对房评价"玄龄当国,夙夜勤强,任公竭节,不欲一物失所。无媢忌,闻人善,若己有之。明达吏治,而缘饰以文雅,议法处令,务为宽平。不以己长望人,取人不求备,虽卑贱皆得尽所能。或以事被让,必稽颡请罪,畏惕,视若无所容"。——编者注

② 杜如晦(585—630年),字克明,汉族,京兆杜陵(今陕西西安长安)人,为隋唐时期李世民帐下重要参谋,李世民征薛仁杲、刘武周、王世充、窦建德,杜如晦为其筹谋划策,运筹帷幄,深为时人所敬服。

李世民与太子李建成积怨颇深,杜如晦与房玄龄一起为李世民出谋划策,参与策划玄武门事变,事成之后二人功居首位。李世民承帝位后,杜如晦与房玄龄为左右宰相,为唐选拔人才、制定法度等。

贞观四年,杜如晦病逝,李世民废朝三天,追封为司空,蔡国公,谥"成公",被李世民列入凌烟阁。——编者注

隋末大乱，东突厥又复强盛。

唐高祖起兵晋阳，欲得突厥的援助，曾向其称臣。唐朝建立之初，户口凋残，财政穷困，无力对外，于是东突厥无岁不寇边，致令高祖欲迁都以避其锋。直到太宗继位，国力逐渐增强之后，始决心对外患发动反击。

贞观三年（公元629年），唐太宗下令动员大军，兵分六路向东突厥发动全面攻势，由兵部尚书李靖任总指挥，先后仅半年，战争即胜利结束，东突厥可汗颉利被俘，其国遂亡。李靖用兵可谓神速，足以证明他是名副其实的伟大战略家。唐太宗认为他可与古代名将韩信、白起、卫青、霍去病等立于平等地位。

李靖原名药师，京兆三原人（今陕西三原县东北人）。史书称他为文武全才，具大将风度。当时隋朝的大官杨素[1]、牛弘[2]等都非常赏识他，认为他有王佐之才。他的舅父为隋代名将韩擒虎。每与他讨论兵法，对他的意见无不称善，并且称赞说："可与论孙吴之术者，惟斯人矣！"这段故事太宗在《问对》中曾经提及，足以证明其真实。

李靖在政府中历任要职，深获太宗的信任，并被封为"卫国

---

[1] 杨素（544—606年），字处道。汉族，弘农华阴（今属陕西）人。隋朝权臣、诗人，杰出的军事家、统帅。他出身北朝士族，北周时任车骑将军，曾参加平定北齐之役。他与杨坚（隋文帝）深相结纳。杨坚为帝，任杨素为御史大夫，后以行军元帅率水军东下攻陈。灭陈后，进爵为越国公，任内史令。杨广即位，拜司徒，改封楚国公。去世后谥曰景武。——编者注

[2] 牛弘（545—610年），本姓裛，字里仁，安定鹑觚（今甘肃灵台）人。袭封临泾公。少好学，博览群书。

北周时，专掌文书，修起居注。隋文帝即位后，授散骑常侍、秘书监。进爵奇章郡公。开皇三年（583年），拜礼部尚书，请修明堂，定礼乐制度。又奉敕修撰《五礼》百卷，从此儒家文化复兴。后又任吏部尚书，掌选举用人，倡先德行而后人才，众咸服之，史称大雅君子。牛弘生活俭朴，事奉皇帝尽礼，对待下属以仁厚，不善言谈而恪尽职守。政务繁杂，仍书不释手。大业六年（610年），逝于江都。有文集传世。——编者注

公",这也就是"李卫公"此一名称之由来。贞观八年(公元634年),李靖年已六十四岁,以脚病为由,请求告退。太宗准他在家养病,并希望他病情好转时,仍可隔两三天到政事堂参议朝中大事。

东突厥灭亡后,唐国威大振,西北诸夷莫不慑服。贞观四年(公元630年),西域北荒诸国君主到长安上尊号,共请太宗为"天可汗"。这不仅只是一种荣衔,而更具实质意义,用现代名词来阐释,"天可汗"是一种维持集体安全的组织,其目的为使许多附庸可以和平相处,共存共荣。

天可汗制度的积极功能即为能够组成联军,来讨伐不遵守盟约的国家,共同维持国际秩序。贞观八年吐谷浑寇凉州,太宗命组织联军击之,这也是天可汗制度建立后第一次组成的联军。《资治通鉴》有下述记载:

> 丁亥(十一月)吐谷浑寇凉州,下诏大举讨伐吐谷浑。上欲得李靖为将,为其老,重劳之。靖闻之请行,上大悦。十二月,辛丑,以靖为西海道行军大总管,节制诸军……并突厥,契苾之众击吐谷浑……闰四月,壬子,李靖奏平吐谷浑。

这是李卫公最后一次用兵,也是中国历史上第一位天可汗联军统帅。

贞观二十一年(公元647年),太宗为讨伐辽东的问题又召见李靖商议,他表示愿意应诏前往,太宗念其年老,未予应允。贞观二十三年(公元649年),李靖病危,太宗亲往探视,并称他为"平生故人"。不久,李靖即病逝,享年七十八岁。

李靖曾著有兵书多种,据《新唐书》、《旧唐书》及《宋史·艺文志》等史书的记载,有《六军镜》三卷、《玉帐经》一卷、《韬钤秘书》一卷、《韬钤总要》三卷、《卫国公手记》一卷、《兵钤新书》一卷、《李仆射马前决》一卷等。但非常可惜,这些书都已散佚。

由于《问对》编入《武经七书》之中,所以幸能保存至今,并成为研究卫公思想的唯一根据,但可惜并非其手著,而且究竟由何人记录,也无从查考,甚至于其真伪也仍有疑问。不过,就书论书,尽管这本书有很多缺失和疑问,仍然值得深入研究。

第一个应该思考的问题即为这本书的来源,其次才是真伪的判断。《问对》的内容为唐太宗与李靖之间的对话记录。我们姑且假定这是事实,除非有第三人在场,专司记录,否则必然为李靖在谈话之后所作的追记。李靖是好学之士,著作颇多,所以《问对》的原稿出于其本人的记录,应为合理的推论。不过,现有的书则并非出于其手笔,因为"太宗"为谥号,所以成书的时间必然是在太宗崩逝之后,把当时对话内容写成这样一本书的人是谁,我们无法知道,不过据说此书在宋代初年即已流行,所以可断言是宋代以前的人。因此,也就否定了阮逸①所撰伪书之说。阮逸在宋仁宗天圣年间(1023—1031)始中进士,自不可能使其伪作在北宋初年即已流行。

事实上,宋神宗元丰年间编辑《武经七书》时,即已有人对《问对》的真伪提出疑问。陈去非曾奉命校七书,疑《六韬》与《问对》,司业朱服曰:"此书行之已久,不可遽废。"(朱服为《武经七书》的主编)

大陆出版的《中国古代军事思想概论》对于这个问题的意见颇有价值,特引述如下:

---

① 阮逸,字天隐,福建建阳崇化里(今南平市建阳区书坊乡)人,天圣五年(1027年)进士。北宋音乐家,精通经学,擅长词赋。——编者注

第六章 李卫公问对

有人认为《问对》是后人伪托之作，我们认为"疑伪则可，断伪则难"，在没有确证之前，还是尊重传统的看法。

《李卫公问对》自宋元丰三年编入《武经七书》后，即刻版刊行。但北宋的版本现已不可见，目前最早的版本为南宋孝宗、光宗年间所刻的《武经七书》本，后世的各种版本大致都以此为根据。

《问对》全书分为上、中、下三卷，但每卷并无一定的主题，至于为何如此划分，其理由也无法解释。每卷的内容相当复杂，有时陈义颇高，值得深入思考，有时则仅限于战术层面，尤其是有关阵法的讨论，在今天可以说是已经殊少价值。不过，概括言之，《问对》的主要部分也是最精彩的部分，还是对军事思想的讨论，他们君臣二人都是孙子的崇拜者，所以在谈到孙子兵法时，真是有如数家珍之感。而且他们也的确曾经提出若干新观念，值得特别重视。

以下的部分即为从三卷之中提出具有特殊意义的问题，作较深入的分析，至于比较不重要的内容则一概从略。

《问对》卷上

一、奇正之变

唐太宗从高丽侵新罗的情况说起，引到有关奇正之变的讨论，并且又以其本人破宋老生之战为例，请李靖加以解释，李靖的回答是：

> 若非正兵变为奇，奇兵变为正，则安能胜哉？故善用兵者奇正在人而已，变而神之所以推乎天也。

太宗又问："奇正素分之欤，临时制之欤？"也就是问是否平时就应把正兵与奇兵分开,还是临时随机应变来划分。李靖认为平时教战可采取一定的划分,但如孙子所云,奇正之变不可胜穷。所以"素分者教阅也,临时制变者,不可胜穷也"。于是他指出,孙子所谓形人而我无形,才是奇正之极致。

太宗也发表他的高见:

> 吾之正使敌视以为奇,吾之奇使敌视以为正,斯所谓形人者欤?以奇为正,以正为奇,变化莫测,斯所谓无形者欤?

李靖对太宗的见解非常佩服,遂再拜曰:"陛下神圣,迥出古人,非臣所及。"

太宗又问:"分合为变者奇正安在?"李靖答曰:"善用兵者无不正,无不奇,使敌莫测,故正亦胜,奇亦胜。"因此,"三军之士止知其胜,莫知其所以胜"。于是太宗突然想起韩擒虎,又想到古人的战争,他就提出两个问题:

(一)卿舅韩擒虎尝言卿可与论孙吴,亦奇正之谓乎?
(二)古人临阵出奇,攻人不意,斯亦相变之法乎?

李靖的回答分别为:

(一)擒虎安知奇正之极,但以奇为奇,以正为正耳。曾未知奇正相变,循环无穷者也。
(二)前代战斗多是以小术而胜无术,以片善而胜无善,斯安足以论兵法也。

第一答不至于引起争论,但第二答就不那样简单,所以李靖必须举例说明。他认为在淝水之战中,"谢玄之破符坚,非谢玄之善也,盖符坚之不善也"。

太宗立即命侍臣检谢玄传阅之,然后问:"符坚甚处是不善?"李靖指出符坚是为慕容垂所陷,并且说:"为人所陷而欲胜敌,不亦难乎?"于是太宗感慨地说:"孙子谓多算胜少算,有以知少算胜无算,凡事皆然。"

这一段故事暗示出下述几点含义:第一,可以证明李靖自视极高,也许可以说除孙子以外,他不佩服任何人(当然唐太宗为例外)。第二,可以证明唐太宗的治学非常认真,他像胡适之一样,要求拿证据来。第三,小术胜无术,片善胜无善,少算胜无算,足以证明战争是相对问题,同时也足以显示李靖对战史有深入的了解。

《问对》上卷除"奇正之变"为其主要部分外,还有其他比较值得重视的观念,现在简论如下。

二、握奇

太宗问:"黄帝兵法,世传握奇文,或谓为握机文,何谓也?"这个问题似乎很简单,但过去并无人研究。李靖说,这个"奇"字读"机"字(奇音机),所以"握奇"与"握机"并传,但其义则一。

原文为:"四为正,四为奇,余奇为握机。"文中第二个"奇"字音机,其意义并非奇正之奇,而是余零(零头)。李靖认为兵到处都有机,如何可握,所以正确的解释为把兵力分为奇正,照阵图部署好了之后,假使还有余零的兵力,则应掌握在将的手中作为总预备队,供随机应变之用,此之谓"握奇"。

三、管仲

太宗问:"深乎黄帝之制兵也……降此孰有继之者乎?"其意义为黄帝是中国兵法的始祖,又有谁能继承他。李靖认为能继承黄帝的人乃周朝的太公。周司马法本于太公。太公既没,齐人得其遗法。至桓公霸天下任管仲复修太公法,谓之节制之师。

他们君臣二人对管仲都非常推崇。太宗说:

> 儒者多言管仲霸臣而已,殊不知兵法乃本于王制也。诸葛亮王佐之才,自比管乐,以此知管仲亦王佐也。

李靖认为管仲治齐其实皆得太公之遗法。作者过去写《从古兵法到新战略》时,曾认为孙子的"伐谋"、"伐交"观念可能是出于管仲。从《问对》书中似可以获得印证。更进一步说,可以证明中国兵学思想的主流实为齐学之延伸。

四、三门四种

太宗问:"汉张良、韩信序次兵法凡百八十二家,删取要用定著三十五家。今失其传何也?"李靖答:"张良所学太公六韬三略是也,韩信所学穰苴孙武是也。然大体不出三门四种而已。"

太宗又问:"何谓三门?"

李靖答:"臣案太公谋八十一篇,所谓阴谋不可以言穷;太公言七十一篇,不可以兵穷;太公兵八十五篇,不可以财穷,此三门也。"

照李靖的答案来看,所谓三门应该是太公所留下的三种著作。李靖并说明了其篇数,但对于其内容则只作了非常模糊的介绍,使后世读者很难了解。这三种著作早已不存在,何时佚失也不可考,甚至于李靖本人是否看过,也无从确定。这是《问对》书中所留下的第一个疑问。至于四种即为西汉任宏①所论,李靖对此作了肯定的答复。

《问对》卷中

一、虚实与奇正

在这一卷中,太宗还是一开口就从《孙子》说起,足以证明他对《孙子》的着迷。他首先作一概论:

> 朕观兵书无出孙武,孙武十三篇无出虚实,夫用兵识虚实之势,则无不胜焉。

明朝的何守法对孙子有非常深入的研究,对唐太宗的意见完全赞同,所以赞赏说:"吁!太宗诚知兵之深哉!"

太宗又批评他的诸将不知虚实,并要求李靖设法教导他们:

> 今诸将中但能言避实击虚,及其临敌则鲜有识虚实者。盖不能致人而反为敌所致故也,如何卿悉为诸将言其要。

李靖对曰:

---

① 任宏,西汉执金吾(执金吾(yù),西汉末年时率禁兵保卫京城和宫城的官员。本名中尉。其所属兵卒也称为北军)。《汉书·艺文志》:"诏光禄大夫刘向校经传诸子诗赋,步兵校尉任宏校兵书,太史令尹咸校数术,侍医李柱国校方技。"汉成帝命任宏论次兵书为四种(兵权谋、兵形势、兵阴阳、兵技巧)。——编者注

先教之以奇正相变之术,然后语之以虚实之形可也,诸将多不知以奇为正,以正为奇,且安识虚是实,实是虚哉。

太宗又说:

策之而知得失之计,作之而知动静之理,形之而知死生之地,再之而知有余不足之处。(以上引述《孙子》原文)此则奇正在我,虚实在敌欤?

李靖说:

奇正者所以致敌之虚实也。敌实则我必以正,敌虚则我必为奇。苟将不知奇正,则虽知敌虚实,安能致之哉?臣奉诏但教诸将以奇正,然后虚实自知焉。

太宗又补充说:

以奇为正者,敌意其奇,则吾正击之。以正为奇者,敌意其正,则吾奇击之。使敌势常虚,我势常实,当以此法授诸将使易晓耳。

李靖作了一个总答复,也表示他完全了解太宗的思想:

千章万句不出乎致人而不致于人而已,臣当以此教诸将。

为什么不惜篇幅把原书抄下这样一大段?实有深意在焉,从君臣二人的对话中至少可以获得下述三点认知：

（一）唐太宗是如何重视其高级军官（诸将）的军事思想教育！他不仅把教育的重任托付他手下的首席战略家，而且还亲自与李靖反复讨论，以求提高教学品质。

（二）李靖已经是兵部尚书，但在皇命之下，亲自主持教育，好像是国防部长兼任三军大学校长，可以显示对军事教育的要求之高。所以，唐代名将辈出，并非偶然。

（三）《问对》对《孙子》的分析非常深入，尤其以奇正与虚实之间的互动关系更是如此。书中有若干见解的确很特殊，而尤以太宗为甚。足以显示他的天才过人，值得欣赏，而对于学术也是一种稀有的贡献。

二、治力

太宗问："孙子所言治力何如？"这是一个很简单的问题。

李靖答："以近待远，以逸待劳，以饱待饥，此略言其概耳。"这完全是引述孙子的话（《军争》篇）。

李靖接着又说："善用兵者推此三义而有六焉：以诱待来，以静待躁，以重待轻，以严待懈，以治待乱，以守待攻。"

太宗很欣赏李靖能推广孙子的观念，于是说："今人习孙子者，但诵空文，鲜克推广其义。治力之法宜遍告诸将。"

三、主客速久

太宗问："兵贵为主不贵为客，贵速不贵久，何也？"

李靖答："兵不得已而用之，安在为客且久哉！孙子曰：远输则百姓贫，此为客之弊也。又曰役不再籍，粮不三载，此不可久之验也。臣校量主客之势，则有变客为主，变主为客之术。"

太宗问:"何谓也?"

李靖答:"因粮于敌是变客为主也,饱能饥之,佚能劳之,是变主为客也。故兵不拘主客迟速,惟发必中节,所以为宜。"

四、破阵乐舞

这一卷中有一段虽与兵法的讨论并无直接关系,但却颇具哲学意味的暗示,特别值得注意。

李靖对太宗提出他内心里所隐藏的一种观念,并直接向太宗求证。在《问对》全书中,都是太宗问,李靖答,由李靖主动提出疑问可能仅此一次。李靖问:

> 臣窃观陛下所制破阵乐舞:前出四表,后缀八幡,左右折旋,趋步、金鼓,各有其节,此即八阵图四头八尾之制也。人间但见乐舞之盛,岂有知军容如斯焉?

用现代语来解释,即为李靖发现太宗所作"破阵乐舞"与"八阵图"是同一模式。但一般人只知欣赏乐舞的热闹,而并不了解那是象征壮盛的军容。所以,他把他的想法提出向太宗求证。太宗完全同意李靖的看法,并向他说明其用意。

> 昔汉高祖定天下歌云:"安得猛士分守四方",盖兵法可以意授,不可以语传。朕为破阵乐舞,惟卿已晓其表矣。后世其知我不苟作也!

这一段话含意颇深,必须作较详细的解释。太宗首先引汉高祖为例,指出汉高祖之所以作《大风歌》,是暗示定天下后,反而对未来的国家安全表示关切,但这种事又不可明说,只能暗示。他之所以作破阵乐舞,也有居安思危之意。目前只有李靖能够从表面上看出乐舞与军容的关系,后世的人又如何能知我并非游戏之作?

《问对》卷下

《问对》三卷中虽然触及的问题很多,但每卷中讨论孙子思想时都有一个焦点:上卷为奇正,中卷为虚实,下卷为攻守,而此三者之间又是一以贯之。就全书而言,实可谓精华之所在。不过在下卷中尚未论及攻守之前,有两段应略加分析。

一、丘墓险阻

太宗曰:"太公云,以步兵与车骑战者,必依丘墓险阻;又孙子云,天隙之地,丘墓故城,兵不可处。如何?"

很明显,太公与孙子的意见不一致,所以太宗遂向李靖请教。李靖回答:

> 用众在乎心一,心一在乎禁祥去疑,傥主将有所疑忌则群情摇,群情摇则敌乘衅而至矣。安营据地,便乎人事而已,……丘墓故城非绝险处,我得之为利,岂宜反去之乎?太公所说,兵之至要也。

简言之,李靖认为太公所言比较合理,同时,他与太宗都反对阴阳拘忌的观念,并认为"后世庸将,泥于术数,是以多败,不可不诫"。

这一段本身并无特点,但有一个重要疑问则必须指出。太宗所引《孙子》原文,为世传十三篇中所无,他的引述,来源为何?这是《问对》书中所留下的第二个疑问。

二、多方以误之
太宗曰:"朕观千章万句不出乎多方以误之一句而已。"
李靖想了很久才回答说:

> 诚如圣语。大凡用兵若敌人不误,则我师安能克哉?譬如弈棋,两敌均焉。一着或失,竟莫能救,是古今胜败率由一误而已,况多失者乎?

这一段实在是非常简单,但却真是至理名言。李靖的要求是消极的,即绝对不可犯错。太宗的要求是积极的,即应使用多种方法引诱敌犯错。两者合而观之,即为胜败的关键,这也是《问对》书中的最重要教训之一。

三、攻守两齐
现在到了全书的最高潮,也是最难了解的部分,必须逐步详加分析。太宗首先发问:

> 攻守二事,其实一法欤?(第一问题)孙子言:善攻者敌不知其所守,善守者敌不知其所攻。即不言(他未说)故来攻我,我亦攻之,我若自守,敌亦守之。攻守两齐,其术奈何?(第二问题)

"攻守两齐"在此第一次出现,照文意来解释,太宗所谓的"攻守两齐"也就是他认为孙子所未说明的情况。因为孙子没有说明,所以才问李靖应该怎样办(其术奈何)。李靖回答说:

> 前代以此相攻相守者多矣。皆曰守则不足,攻则有余(引孙子语),便谓不足为弱,有余为强,盖不悟攻守之法也。

李靖首先指出太宗所问的情况在前代有很多先例,再说明有余不足并非强弱之意,然后又引述孙子来作进一步的解释:

> 臣案孙子云不可胜者守也,可胜者攻也。谓敌未可胜则我且自守,待敌可胜则攻之耳,非以强弱为辞也。后人不晓其义,则当攻而守,当守而攻。二役既殊,故不能一其法。

于是李靖答复了太宗的第一个问题,并且又对"可胜"与"不可胜"提出了一种新的解释。换言之,那是指敌方而非指我方,与一般的注解恰好相反,太宗是一个聪明绝顶的人,他马上对李靖的观念作了进一步的发挥:

> 信乎有余不足使后人惑其强弱。殊不知守之法要在示敌以不足,攻之法要在示敌以有余也。示敌以不足则敌必来攻,此是敌不知其所攻者也。示敌以有余则敌必自守,此是敌不知其所守者也。

这对于有余不足,不知其所攻(守),都是一种别出心裁的解释,太宗的确能够举一反三,于是遂作如下结论:

> 攻守一法,敌与我分为二事。若我事得则敌事败,敌事得则我事败。得失成败,彼我之事分焉,攻守者一而已矣。得一者百战百胜,故曰知彼知己,百战不殆,其知一之谓乎?

李靖对太宗的领悟非常佩服,于是再拜曰:

> 深乎圣人之法也,攻是守之机,守是攻之策,同归乎胜而已矣。若攻不知守,守不知攻,不惟二其事,抑又二其官,虽口诵孙吴而不思妙,攻守两齐之说,其孰能知其然哉?

李靖之言有两点值得重视:
(一)攻是守之机,守是攻之策,如何解释?
(二)"攻守两齐"二次出现,其意义为何?

机就是机会,必须守能提供机会然后始能攻;策就是动力,攻的动力是以守为来源。因此,始能同归于胜。假使不能了解此种奥妙,则虽口诵孙吴,也还是不能了解"攻守两齐"之说。

何谓"攻守两齐"?照李靖的话来解释,应该即为"攻守一体",也就是他所说的"攻是守之机,守是攻之策"。但很明显,这种想法与太宗原先所认知的观念不尽相同,而且至少还要更深入一点。不过,他们只谈到这里为止,而未再深入,所以这似乎是《问对》所留下的第三个疑问。

四、兵法孰为最深

太宗问:"兵法孰为最深者?"这是《问对》全书中的最后一问,而李靖的回答可以视为其思想的总结,对于后世研究兵学(战略)

的人,也是一种永恒的教训。李靖说:

> 臣常分为三等,使学者当渐而至焉。一曰道,二曰天地,三曰将法。

李靖假借孙子的"五事"对兵法的研究作为分等的标准。于是他解释如下:

(一)道的境界最高,至微至深,用现代名词来表示,即所谓"哲学"的境界。研究学问能达此种境界,可谓登峰造极。

(二)天地即孟子所谓天时地利,在现代语中即为战略环境。知天知地即为了解全局。所以,也就是大战略的境界。

(三)将法的意义即为任人利器。三略所谓得士者昌,管仲所谓器必坚利。这是军事战略的境界。

太宗一听就懂,并立即表示他自己的见解。太宗曰:

> 然。吾谓不战而屈人之兵者上也。百战百胜者中也。深沟高垒以自守者下也。

然后再指出,以这种标准来检视孙武的书,可以说三等都包括在内。李靖遂又再以先贤为例:

(一)张良、范蠡、孙武——第一等(道)。

(二)乐毅、管仲、诸葛亮——第二等(天地)。

(三)王猛、谢安——第三等(将法)。

于是对如何研究兵学作成综合教训:

故习兵之学,必先由下以及中,由中以及上,则渐而深矣,不然则垂空言,徒记诵,无足取也。

李卫公的教训值得所有兵学(战略)研究者深切体会。

结　　论

然后再指出,以这种标准来检视孙武的书,可以说三等都包括在内。李靖遂又再以先贤为例:

（一）张良、范蠡、孙武——第一等(道)。

（二）乐毅、管仲、诸葛亮——第二等(天地)。

（三）王猛①、谢安②——第三等(将法)。

于是对如何研究兵学作成综合教训:

---

① 王猛(325—375年),字景略,东晋北海郡剧县(今山东潍坊寿光东南)人,后移家魏郡。十六国时期著名的政治家、军事家,在前秦官至丞相、大将军,辅佐苻坚扫平群雄,统一北方,被称作"功盖诸葛第一人"。——编者注

② 谢安(320—385年10月12日),字安石。陈郡阳夏(今河南太康)人。东晋著名政治家,名士谢尚的从弟。

少以清谈知名,最初屡辞辟命,隐居会稽郡山阴县之东山,与王羲之、许询等游山玩水,并教育谢家子弟,多次拒绝朝廷辟命。后谢氏家族于朝中之人尽数逝去,方东山再起,任桓温征西司马,此后历任吴兴太守、侍中、吏部尚书、中护军等职。

咸安二年(372年)简文帝驾崩后,谢安与王坦之共同挫败桓温篡位意图,并在其死后与王彪之等共同辅政。在淝水之战中作为东晋一方的总指挥,以八万兵力打败了号称百万的前秦军队,为东晋赢得几十年的安静和平。战后因功名太盛而被孝武帝猜忌,被迫前往广陵避祸。太元十年(385年),因病重返回建康,旋即病逝,享年六十六岁,赠太傅、庐陵郡公,谥号文靖。

谢安多才多艺,善行书,通音乐。性情娴雅温和,处事公允明断,不专权树私,不居功自傲,有宰相气度。他治国以儒、道互补;作为高门士族,能顾全大局,以谢氏家族利益服从于晋室利益。王俭称其为"江左风流宰相"。张舜徽赞其为"中国历史上有雅量有胆识的大政治家"。——编者注

第六章 李卫公问对

对《问对》全书作了如此综合扼要的介绍之后，又应有何种感想，何种评论？当然，任何著作都一定是瑕瑜互见，有其优点和特长，也有其缺失甚或错误。即令伟大如孙子，在其十三篇中还是可以找到弱点，而并非尽善尽美。《问对》是由二人对话编辑而成，发言者事先并无准备，而且也无一定的主题，所以其遗漏和缺失必然会比正规性的著作多，也是可以谅解的。

尽管如此，这本书还是有很多特点值得称赞的，过去已有的评论即可为例证。现在略举数则如下：

（一）宋人戴少望在《将鉴论断》中认为此书对"兴废得失，事宜情实，兵家术法粲然毕举，皆可垂范将来"。这是对其学术价值的肯定。

（二）清人纪昀在《四库全书总目提要》中指出："其书分别奇正，指画攻守，变易主客，于兵家微意时有所得。"综观全书，这样的评语似非溢美之辞。

（三）最近，《中国古代军事思想概论》有一段话似乎很值得引述：《李卫公问对》对古代的军制、阵法，兵书的源流、分类等都有所探讨，并把不同的说法加以澄清，提出了独特的见解。因此，宋朝把它编入《武经七书》不是偶然的。

概括言之，《问对》全书中最具有特色，最值得重视的部分即为太宗与李靖对孙子思想的研究和讨论。他们两人对《孙子》的确曾作非常深入的思考，所以提出的某些意见也确有新意，独创一格，为其他注解《孙子》的先贤所不及，甚至于连曹操（第一位注《孙子》的人）也应自叹弗如。事实上，他们对曹操曾作了若干合理的批评。

当然，这本经典并非没有缺失，其最大的缺失可能为下述两点：

（一）这本书内容毫无系统可言，因为它本是谈话记录，而所谈的内容更是海阔天空，应有尽有。除孙子可以算是对话的核心以外，其他的观点似乎都只是随机抽样而已。

（二）他们两人都是战略天才，但所谈论的问题层次都不甚高，只以军事为限，几乎完全不曾触及大战略的层面，实在令人不解，甚至于可以说令人失望。尽管李靖最后认为军事部分仅为兵法的第三等，但问对却从未超越此一等级。

也许有人会怀疑，人类进入 21 世纪了，为什么还要花许多时间去研究千年古籍。事实上，古书还是应该读，甚至必须读。任何从事学术研究的人，都必须探本溯源，否则既不能温故知新，更不能鉴往知来。

第七章
元明清三代战略思想简述

引言
元代
明代
  一、开国阶段
  二、明代与海权
    （一）郑和下西洋
    （二）倭寇与海盗
    （三）明郑与台湾
  三、明代战略著作
清代
结论

引　言

公元1276年,蒙古大军在伯颜①指挥之下,攻入南宋首都临安(今杭县),南宋遂亡,于是蒙古人正式入主中国,这也就是元代的开始。蒙古人是第一个在中国版图上建立统一帝国的少数民族。在此以前,中国虽有分有合,但概括言之,始终还是以汉人的统治为正统,而且少数民族也从未有能统一全国者。

自从元代破了先例,在其后的两代中,最后的清代又是少数民族,只有夹在中间的明代给汉人扳回一城。在共长六百七十一年的三代中,明代仅二百九十四年,而元清两代合计为三百七十七年(元109年,清268年)占半数以上。三代中就有两代是少数民族统治,可谓我国历史中所未有的创格。

从战略思想史的观点来看,这三代也各有其特点,尤其是与在此以前的衰颓期比较,更是有显著的差异。本章拟照时间顺序来简略分析元明清三代中战略思想的特点,以及其演进过

---

① 伯颜(Bayan,1236—1295年1月11日),蒙古八邻部人。为元朝大将。曾祖述律哥图、祖阿剌从成吉思汗征战有功,封为八邻部左千户及断事官。长于伊利汗国。元世祖至元初年奉使入朝,受忽必烈赏识,拜中书左丞相,后升任同知枢密院事。于至元十一年(1274年)统兵伐宋,宋亡,曾出镇和林,谥平诸王叛乱。元成宗朝加太傅录军国重事,卒赠太师开府仪同三司,追封淮安王,谥忠武,后加赠淮王。《元史》有传。

伯颜是有元一代著名政治家、军事家。统二十万大军伐宋,如统一人。成功还朝,口不言功,行囊仅随身衣被。有文才,能诗能曲。——编者注

程,以供读者参考。

元　代

元代以少数民族统一中国,开创从古未有的先例,已见前述。但元不仅统一中国,而且还在中国版图之外建立了更大的分立汗国,那虽然不属于我国历史系统之内,然就战略或战争的观点来看,则又还是联合成为一体。所以对其研究遂又不能仅以中国为限。

因此,元史的研究也就非常困难,不仅牵涉范围非常广大,而且还有语文上的困难,尤其是人名、地名的翻译也不统一。明代修元史不仅资料不够完备,而且受到种族偏见的影响,记载和评论有时也欠公正。尤其是以军事方面而言,西征的部分在中国几乎没有记录,中国历史中只有南征的部分。

蒙古武功之盛前无古人,就整个世界而言,都是如此。蒙古人口很少,据多方考证,在成吉思汗逝世时约为一百万人,其真正的蒙古军不超过十三万人。以如此渺小武力,而能攻无不胜,席卷大半个欧亚大陆,真可算是奇迹。尤其蒙古人的征服高潮是在尚未入主中国之前。自成吉思汗即位起到忽必烈(世祖)灭宋,凡历五世,共七十八年。此后,蒙古人的国势就开始衰颓,不能再继续发展其先人的雄风。

关于蒙古人远征作战的经过,固然已有相当完整的记载,甚至于对于蒙古的军制和武器也都已有若干深入的研究,但令人感到遗憾的是在战略思想领域中却缺乏适当的资料,而前人所作的研究也非常稀少。主要的原因是蒙古虽不乏杰出的战略家(例如速

第七章　元明清三代战略思想简述

不台①),但他们本身都无著作,而且由于语文上的隔阂,后人也无任何记录。所以,要想分析蒙古人的战略思想,实在是相当困难,唯一的途径只能就其战迹来加以推断。

首先应综合说明蒙古军事组织的优点和弱点：

(一)蒙古军事组织非常良好,其本身的人力虽不多,但却能发挥高度战斗效率,而且更善于利用少数民族的人力。蒙古的军制非常简单,从上到下都采取十进制,易于指挥、控制和重组。蒙古人本是天生的战士,几乎所有的男人都擅长骑射,勇敢团结,能忍受一切劳苦,在良好的组织之下,自然所向无敌。蒙古军虽以其本族人为主力,但又还是包含着许多其他民族在内。最主要的为色目人和汉人。所谓色目人大都是中亚(西域)的种族,因为眼睛蓝色,故有这样的名称。这些民族或为降军,或为自动投效的外籍兵团。在组织上也有两种方式：或以补充兵形式直接编入蒙古军中;或编成独立单位与蒙古部队比肩作战(这与西方古罗马军制颇为相似,当时常为一个罗马兵团配属一个同盟兵团)。蒙古人有一极大特点,即几无种族歧视观念,外籍军与蒙古军待遇上完全平等,有功必赏,所以那些降军和外族都乐为效死。

(二)蒙古军的机动力极强,能发挥高度的行动自由。蒙古的精兵以骑兵为主力,其最大本钱为其马匹的攻击力和速度。马为蒙古军最基本和最重要的战斗工具,故以马的肥瘦决定用兵的时

---

① 速布台(1176—1248年),蒙古兀良哈部人,蒙元帝国名将,成吉思汗的"四獒"之一。早年辅佐成吉思汗统一诸部,常任先锋,以骁勇善战著称,享有"巴特尔"(勇士)称号。蒙古建国时,封千户长,为十大功臣之一。曾经参与第一次、第二次西征,令大蒙古国版图扩展至俄罗斯一带。其征战范围所及东至高丽,西达波兰、匈牙利,北到西伯利亚,南抵开封,是古代世界征战范围最广的将领之一。死后追封为河南王,谥忠定。——编者注

间,秋高马肥即为发动远征的理想时机。

（三）蒙古军善于运用火力,以机动冲力与密集火力相配合,投向敌人要害,足以构成致命的打击。所谓火力者又分为两种武器：弓箭与火炮。以作战而言,前者比后者远较重要。蒙古精兵以轻骑兵为主力,其所用武器以弓箭为主,不仅贯穿力强,射程亦远。据考证,蒙古人有四种弓和五种箭,性能各有不同,可以依照战术情况选择并联合使用。西方人的记载也说："蒙古军弓强弩大,其轻箭镞小而锐,用以远射,重箭镞大而宽,可以破甲穿臂,断敌弓弦。"至于火炮则仅用于攻城。13世纪时,火器尚在萌芽阶段,其威力颇为有限,但精神震撼作用还是很大。此外,蒙古人在攻城时也使用发弩机、投石机等投射工具,其攻城序列（siege train）在当时要算是最优秀的。蒙古的炮兵、工兵等技术兵种都是由非蒙古人员编成,至于武器的制造则更是利用各国的尖端科技人才,元史有记载说"集中天下巧匠于燕京,大事制造回回炮"可为佐证。

（四）蒙古军在远征时,对敌情的侦察,效率极高,经常能找到敌方兵力部署上的弱点,然后以实击虚,发挥巨大的奇袭作用,真有如孙子所云："兵之所加如以碬投卵者。"反而言之,其在行军宿营时都戒备严密,而且有良好的通信体系,所以不会受到敌人奇袭,能够确保安全。

以上所云为蒙古军之主要优点,至于其弱点也可以分别简述如下：

（一）蒙古最初兴起时,兵力很小,作战区域也不太大,其部队机动力强,易于因粮于敌,因此,似无重视后勤之必要。但以后兵力数量逐渐增大,行动距离也日益伸长,于是后勤组织的简陋遂成为其最大弱点。所以,也使其原有的作战弹性大受影响,并且不能持久。不过,在后勤方面蒙古军又还有一特点,值得一提,但很少为人所注意。蒙古军有非常有效的军医组织,所谓"蒙古大夫"绝非开玩笑的说法,而的确有相当高明的医术,尤以外科为然。所以,蒙古军的伤患存活率颇高,对士气的维持有很大贡献(在西方历史中,只有拜占庭有如此类似的经验)。

(二)蒙古人生长于漠北寒冷气候中,不能适应炎热潮湿的天气,在热带地区作战时,其战斗效率遂不免大打折扣,尤其严重的是蒙古马要比人更难适应气候的改变,一到气候湿热的地方,马就很容易倒毙,这对蒙古军构成真正的致命伤。所以,在较后阶段的作战中,蒙古军的进度和战绩都比较差。例如远征占城、安南、八百媳妇时,曾屡次失利无功而还。

(三)蒙古人是纯粹的大陆民族,对海洋生活完全缺乏经验,所以,对海洋作战不仅缺乏准备,而且更心存畏惧,缺乏信心。其结果为两次远征日本都遭到失败,以及远征占城劳师无功。

(四)蒙古人虽能迅速地征服广大地区,但却缺乏统治能力,其所建立的汗国都很快地自动衰亡,只有在中国大陆上所建立的元朝,能维持较久的时间,那是应归功于汉人的合作。蒙古军在征服过程中也广泛地采取恐怖手段,凡拒绝投降的国家和城市都会受到极大的破坏。此种恐怖主义的心理效果虽能收效于一时,减弱抵抗,并加速其进度,但其后遗症则为增长其战后重建的困难。关于这一点,比较起来又只有在中国要算是例外。

在战略思想领域中,因为缺乏原始资料,所以只能以前人的研究为依据而作综合阐述。

蒙古人的辉煌战绩固应归功于其军事组织优良和将士用命,但其战略的高明也是一个重大原因。明代学者顾祖禹

(1631—1692)可能是世界上第一位研究蒙古战略思想的人。他根据蒙古军征服中国的用兵经过,再以其独到的地略学眼光来加以分析,认为蒙古人的确有其独特的战略观念,所以在其所著《读史方舆纪要》中曾经一再加以分析和赞赏。现在就择要略述如下:

"吾尝于南宋奔亡之余,而反复三叹焉。蒙古之用兵也,纵横弛突,大异前代。临安未陷,两粤已为之破残……"

"吾观从古用兵,出没恍忽,不可端倪者,无如蒙古忽必烈之灭大理也。"

"吾尝考蒙古之用兵,奇变恍忽,其所出之道皆师心独往,所向无前,故其武略比往古为高。"

基于以上的引述,可以说顾祖禹对蒙古战略思想真是佩服备至了。西方研究蒙古战略的学者也颇不乏人,他们的研究大致都是以西征为对象而不包括中国部分在内,所以可以与国人的研究互相参证,而收相得益彰之效。

20世纪前期的西方战略大师李德·哈特在其所著《战略论》中曾极端推崇蒙古人的战略思想。他说:"在中世纪时,最佳的战略范例不是来自西方而是来自东方。"他指出:"在规模上和素质上,在奇袭上和机动上,在战略性和战术性的间接路线(indirect approach)上,蒙古人的用兵在历史上都可以说无出其右者。"

李德·哈特又说,他早年所著《不知名的名将》(Great

Captains Unveiled)一书中,对蒙古人的战略和战术曾有较充分的讨论。而英国在1927年首次试验机械化部队(mechanized force)时,这本书曾被选为教材。

李德·哈特推崇蒙古战略思想,与顾祖禹可以说是无独有偶。李德·哈特认为蒙古人的思想和他所提倡的"间接路线"若合符节。但事实上,与其说蒙古人的战略所走的是间接路线,毋宁说蒙古人是对《孙子兵法》的精义有深切了解。虽然并无任何证据足以证明蒙古将领曾经研读《孙子兵法》,但其行动之能够符合孙子的观念,却是确有事实的证明。

孙子说:"夫兵形象水,水之形避高而趋下,兵之形避实而击虚。水因地而制流,兵因敌而制胜。故兵无常势,水无常形,能因敌变化而取胜者谓之神。"孙子主张**"以迂为直,以患为利"**,这也就是李德·哈特所提倡的间接路线。孙子认为:"兵之情主速,乘人之不及,由不虞之道,攻其所不戒。"而在打击敌人时,又必须"势险节短",这样才能像激水之漂石,鸷鸟之毁折。

蒙古军的作战,几乎就是与孙子所说的完全一样,怪不得顾祖禹要说:"其武略比往古为高!"

明　　代

明代为汉族之复兴,但其文治武功在中国历史上都不能算是第一流,其领土也比元清两朝都小,而且边患始终不绝,最后又还是给了少数民族卷土重来的机会。

但就战略思想的研究而言,明代却是一个具有特殊意义的时代。不仅所保存的资料比元代远为丰富,而且更有其前无古人的特点。为了简便起见,本文对明代战略思想的分析仅以下列三个问题为重点。

一、开国阶段

明之开国利用民族主义的力量,驱逐少数民族并不太困难。其战争的主要部分反而是以同时起事诸雄(张士诚[①]、陈友谅[②]等)为对象。就战略思想而言,有下述三点值得提出:

(一)明太祖(朱元璋)本人似乎颇有大战略头脑。他曾经这样说:"士诚恃富,友谅恃强,吾独无所恃,惟不嗜杀人,布信义,行节俭以与百姓共求复苏而已。"这一段话可以暗示他了解战略是不仅限于经济和军事,而政治和心理也许还更重要。

---

① 张士诚(1321—1367年),原名张九四。元末位于江浙一带义军领袖与地方割据势力之一。兴化白驹场(今盐城市大丰区)人。在元朝末年抗元起义军领袖中,有"(陈)友谅最桀,(张)士诚最富"之说。因受不了盐警欺压,与其弟士义、士德、士信及李伯升等十八人率盐丁起兵反元,史称"十八条扁担起义",他为首领。袭据高邮,自称诚王,僭号大周,建元天祐。张士诚是灭元的盖世功臣,而后期,张士诚的弟弟兵败被朱元璋俘虏,张士诚在朱元璋、已经投降元朝的方国珍和元军三方夹击之下伪降元朝,攻打江南元朝地主武装,不久再度公开反元,最后亡于朱元璋政权。被押解至明朝都城应天府(今南京),因对朱元璋说:"天日照尔不照我而已"惹怒朱元璋,被斩首。时年47岁。——编者注

② 陈友谅(1320—1363年10月3日),湖北沔阳人;元朝末年群雄之一。1351年,徐寿辉起兵,建立天完政权,友谅投效其将领倪文俊麾下。1357年九月袭杀反徐寿辉的倪文俊,自称勤王、宣慰使,起兵攻下江西诸路,连克江西、安徽、福建等地。

1359年,杀天完将领赵普胜,挟徐寿辉,迁都江州(今江西九江),自立为汉王。次年,攻陷鸠州,杀徐寿辉,随即登基称帝,国号汉,改元大义,以邹普胜为太师,张必先为丞相。

1363年,陈友谅率六十万水军进攻朱元璋,但在鄱阳湖大败,突围时中流箭而死。

陈友谅死后,张定边等人在武昌立其次子陈理登基为帝,改元德寿。次年,朱元璋西吴军廖永忠部兵临武昌城下,陈理出降。——编者注

（二）有宿老朱升①年八十余，明太祖亲访之于山林道院中。朱升告之争天下九字诀："**高筑墙，广积粮，晚称王**。"这一段故事近似传说，但含有深意。"高筑墙"就是巩固战略基地，也就是孙子所云"先为不可胜以待敌之可胜"。"广积粮"即重视战略与经济之间的关系。在农业经济的时代，粮食是最重要的资源，不仅民以食为天，而且军无委积则亡。"晚称王"在政治战略方面更是一种非常微妙的原则。

朱升的故事曾分别见于魏汝霖《中国军事思想史》（页144）及徐培根《中国国防思想史》（页640），但两书均未说明其资料来源。据《明史》卷一三六《朱升传》，朱升之语为"缓称王"而非"晚称王"，"缓称王"有其战略意义。朱元璋在羽翼未丰之前暂缓称王，则可以不至于树敌过多，并获得自由发展的机会。

（三）明太祖在初起时颇能礼贤下士，争取人才，但在其政府中似乎并无真正第一流的战略家，这也就引起刘伯温（基）之谜。依照民间传说，刘基是明太祖的"军师"，换言之，他是张良、诸葛亮一流的奇人。事实上，从他所著的书（《郁离子》二卷）来看，他的思想是属于道家。他似乎并不擅长军事，甚至于更不会神机妙算（他是一个反阴阳五行之说的人），现在流行的兵书《百战奇略》极可能是伪书。

二、明代与海权

就战略思想观点来看，明代的最大特点就是其与海洋的关系。

---

① 朱升（1299—1370年），字允升，安徽休宁（今休宁县陈霞乡回溪村）人，元末明初军事家、文学家，明代开国谋臣，官至翰林学士。元末（1367年）被乡举荐为池州学正。避弃官隐石门，学者称枫林先生。后因向朱元璋建议"高筑墙、广积粮、缓称王"被采纳而闻名。——编者注

对这方面研究的人也较少,所以特别值得在此作较详尽的探讨。

概括言之,中华民族是一个大陆性的民族,民族的发展是由西到东,虽然很早就达到了海岸线,但几乎从未进一步向海洋作大规模或有计划的开拓。中国的外患来源主要地是在北面(包括东北和西北),而海疆在明代前则都是最太平的边界。我国历史中的战争与海洋有关者少之又少,至于在战略思想领域中,海洋因素更是很少有人给予注意。

在这样的背景之下,从14世纪到17世纪的明代也就显得异常奇特。明代中国曾经是"世界上最强的海权国家",所以,这一个时代在中国历史中真是令人刮目相看,但很遗憾,过去却很少有人研究,尤其是很少有人从海洋战略的观点来看这段历史。这里的分析是依照时代的先后分为三段:

(一)郑和下西洋

明太祖开国时虽然能光复中原把蒙古人逐出塞外,但后者的残存势力仍然相当完整,所以,也就使明廷不能不重视北疆的边防。另一方面,东南沿海地区的方国珍[①]、张士诚等虽已败亡,但其余党逃入海中,对安全构成隐患。此外,日本倭寇也开始侵扰,在这样面对陆海双重威胁的环境中,政府在战略上也就必须作一选择。明太祖在权衡轻重之余,并吸取元代用兵海外失败的教训,遂决定重陆轻海的基本原则。他所采取的国防政策是:陆上用诸

---

① 方国珍(1319—1374年5月8日),又名方谷珍,台州黄岩(今浙江台州市黄岩区)人,元末明初浙东农民起义军领袖。
生得身长面黑,力勒奔马,与兄国馨、国璋、弟国瑛、国珉,以佃农和贩私盐为生计。为元末最早的起义领袖,曾降元,后降明,明洪武二年(1369年),领广西行省左丞,留居京师(今南京)。洪武七年,病死。——编者注

第七章　元明清三代战略思想简述

王将重兵守边,海上除设置卫所外,更禁止人民与外人接触以策安全。这也就是"明祖定训,片板不许入海"的禁海政策。

明太祖死后,其第四子燕王朱棣起兵"靖难",赶走了惠帝(太祖孙),取得帝位,即为明成祖(永乐帝)。他的战略思想比起其父是远为勇敢进取,陆上迁都北京,由"诸王守边"改为"天子守边",并且亲率重兵五次入漠,以攻为守。海上在永乐元年(公元1403年)首先恢复浙江、福建、广东三省舶司,放松海禁,接着在永乐三年(公元1405年)六月,命宦官郑和率副使王景弘①等出使西洋。所谓"西洋"大体是指印度洋而言,因为舰队向西航行,故称为西洋。郑和不仅负有外交和经贸任务,而且还率领着一支巨大的远洋舰队,执行国史中最大规模的权力投射(power projection)。

郑和的舰队在当时世界上可以算是最大的海军兵力。据《明史》记载,其第一次出使时有"将士卒二万七千八百余人……造大船,修四十四丈,广十八丈者六十二"。据近人研究,除这六十二艘大舰外,整个舰队的大小船舶共约两百艘。郑和通常是由苏州刘家港出海,先到福建,等候冬季信风,再从福建沿中国海岸线向南航行。其巡弋范围遍历南海及印度洋周边各国,分遣队最远曾达到非洲东岸的木骨都束(Magadiso,即现在的摩加迪沙)。前后出使七次,每次往返约需两年,每次的行动规模和

---

① 王景弘,福建漳平人,生卒年不详。洪武年间(1368—1441年),入宫为宦官。永乐三年(1405年)六月,偕同郑和等人首下西洋。永乐五年(1407年),二下西洋。宣德五年与郑和同为正使,人称王三保。宣德五年(1430年)六月,六下西洋。宣德八年(1433年),七下西洋,郑和病逝于印度古里。王景弘率队归返,宣德八年七月初六(1433年7月22日)返回南京。一般史书记载王景弘参加了第一、二、三、四、七次下西洋,但也有人认为王景弘无役不与。他也是我国历史上伟大的航海家、外交家。——编者注

人船数量都大致差不多。

郑和的兵力虽然非常强大,但采取大规模军事行动的次数却很少,其目的通常为剿平海盗,维护海路安全,协助友好国家平定内乱或抵抗侵略,其结果为"海道由是而清宁,番人赖之以安业"以及"自是海外诸番益服天子威德,贡使载道"。除此以外,郑和远航的大部分时间都是用来执行和平的任务,包括立碑、搜奇、贸易等在内。

根据记载,郑和舰队所经过的国家有三十余国,但从不曾挟大国兵威强取豪夺,而只寻求发展与各国之间的友好、贸易、文化交流关系。而推动贸易时也完全遵守各国的习俗,他们和平地执行国家政策,非不得已绝不使用武力,与后来的西方海权国家的血腥行为大不相同,这更足以表现我国文化中的王道精神。

从战略思想观点来看,郑和出使更有值得深入分析的价值。第一个值得研究的问题是明成祖派郑和下西洋的目的。《明史·郑和传》说:"成祖疑惠帝亡海外,欲踪迹之,且欲耀兵异域,示中国富强。"假使真是如此,则未免小题大做,所以,应有更深入的战略构想,否则实不必如此劳师动众。

元朝灭亡不久之后,其裔帖木儿①在中亚和西亚建立了一个

---

① 帖木儿,1336年生于撒马尔罕以南的碣石(今沙赫里萨布兹),属蒙古巴鲁剌思氏部落,其祖先做过察合台汗国的大臣。虽然帖木儿是突厥化蒙古人,但由于当地自古以来的波斯文化遗留,帖木儿在文化意识上倾向于波斯文化。

1362年,帖木儿在故乡附近起义。与蒙古人作战时,被打伤成了瘸子。因此敌人称为跛子帖木儿。后来,为了巩固政权,采取婚姻关系,将西察合台汗国后王的公主纳为妻妾,成了察合台汗国的驸马。所以又称为驸马帖木儿。1364年,帖木儿终于扶持侯赛因成为可汗。但在1369年,他杀死情同手足的西察哈台汗侯赛因,建立了帖木儿帝国。

后人所知的关于帖木儿的传奇历史,绝大部分来自《胜利书》、《帖木儿自传》。其后裔巴布尔在征服了印度之后有《巴布尔回忆录》流传于世。——编者注

新的蒙兀尔（Mogul）大帝国。靖难之变时，帖木儿获知中国内战的消息，遂决定出兵东向，企图重建蒙古人在中国的统治。他的确曾在永乐二年（公元1404年）集中兵力四五十万人，准备攻明。这个情报可能使明成祖必须立即寻求对策，于是遂决定采取间接路线，派郑和出使西洋，其目的为联合印度洋周边国家共同围堵帖木儿的扩张，或至少牵制其由陆路进攻中国的行动。哪知道帖木儿在公元1405年病逝（即郑和奉命出使的同一年），威胁遂自然解除。事后看来，由于郑和尔后的卓越表现，足以暗示大明帝国的确有机会建立世界史上规模最大的海洋同盟，并执行最早也是范围最广的围堵战略。

帖木儿死后，帝国分裂，解除了对明朝的压力，郑和出使的战略意图也因而不显。不过，蒙兀尔帝国的继续存在仍使中国与西方的陆上交通受阻。因此，郑和从海上打开一条通道，在中国交通史上仍不失为一种贡献。

郑和的行动从永乐三年（公元1405年）到宣宗宣德八年（公元1433年），前后历时二十八年之久，充分象征中国海权思想的发扬。但非常可惜，在郑和最后一次远征之后，此种行动就突然中止。政府又重申海禁，其大舰队不久也化为乌有。此后不久，中国沿海即不断受到倭寇和海盗的侵扰，而最后更无力对抗西方帝国主义者的攻击。中国未能继续维持郑和所开创的海权优势，实为近代国史的最大憾事，深值得我们反省和探讨。尽管如此，郑和又还是给中华民族带来若干远程利益。中国政府虽从未鼓励海外移民，但由于郑和下西洋之故，而自动扩大了中国人的活动空间。从此海外华人到处建立其经济势力，连后来的西方海权也无法赶走他们。探本溯源，还应归功于郑和的七下西洋。

（二）倭寇与海盗

倭寇出现于中国沿海由来已久。明初，太祖严加防范，成祖大建海权，所以倭寇对中国最多只能构成治安上的骚扰，尚不至于成为国防问题。明代中期，内政日益腐化，军备日益废弛，海防问题也随之出现。倭寇最严重的时代是世宗嘉靖年间（1522—1566），沿海数千里同时告警，生命财产损失难以估计。所谓倭寇者又并非全是海盗，真倭不过十之二三，大多数都是中国人，所以严格地说，倭寇是一种介乎内乱外患之间的威胁。

倭寇的长期侵扰在战略思想领域形成一种刺激。我国古代的兵书几乎很少有以海洋战争为主题的。海洋战略思想萌芽可以说受倭寇之赐。最早的书可能是郑若曾[①]所著的《筹海图编》，全书共十三卷，图一百七十二幅，约二十六万字。对于中国沿海地理、海防战略、武器设施等都有详尽的论述。

---

① 郑若曾（1503—1570年），明昆山人，字伯鲁，号开阳。明清之际著名布衣军事家、战略家。著有《日本图纂》、《筹海图编》、《江南经略》等。

郑若曾是明清两代最重要的军事家。说他重要，一是他身处倭寇最猖狂的时代，运用世界地理知识对日本及周边国家开展深入而广泛的研究，制订了一系列御倭的方略，并倡导全民抗倭，最终与戚继光、唐顺之等共同平定了倭寇之乱，是当时最卓越的军事家之一。

其二，他的军事著作如《日本图纂》、《筹海图编》、《江南经略》等对后世产生了深远的影响。《日本图纂》绘制日本国图和入寇图，介绍日本历史地理、语言及与中国关系史、倭船、倭刀、寇术等。特别是《筹海图编》一书广为流传，甚至在日本、朝鲜等亚洲国家影响也非常大，此书记载了翔实的倭寇史料，并第一次提出了完整的中国近代海防思想。他反对据守海港而不敢出洋御敌作战，强调"防海之制，谓之海防，则必宜防之于海"。是个深知'欲航行于大洋，必先战胜于大洋'的卓越军事理论家"。制定了海中战法以攻船为上，其次则靠火器的作战方案，进而订立了五十条海防策略，从而确保了明中后期东南沿海的长期稳定。可以说自1562年（嘉靖四十一年）该书问世直至清末，没有一部军事著作能超越它。

郑若曾不但学识渊博，品行更出众，深受江浙文人志士尊崇。他虽然一生为布衣，但他通过亲身参加平倭与撰写军事著述实现了自己的报国之志。——编者注其最大的特点是提出海防战略的三大原则,即所谓"**御海洋,固海岸,严城守**"。其中最值得重视的又是"御海洋"的观念。它认为海防必须防之于海,主张"哨贼于远洋,击贼于近洋"。用现代语来解释,"御"的意义就是"制","御海洋"也就是"制海"。因此,可以肯定地说,"制海"观念在中国战略思想中的出现远比西方要早。

顾祖禹也有类似想法,但分析则较深入。他说海防有三策:"**拒之于海外,毋使入港为上策,却之于沿海,毋使登陆为中策;追至登陆而围歼之为下策**。"这与现代海军战略思想,尤其是反登陆战的原则完全吻合。亦即所谓"鏖战于海岸,不如邀击于海外"。

倭寇之患终获解除,其原因可能是多方面的,现在略论如下:

(1) 明朝经由俞大猷①、戚继光②等名将的合作努力,并付出相

---

① 俞大猷(1503—1579年),字志辅,又字逊尧,号虚江,晋江(今福建泉州)人。明代抗倭名将,军事家、武术家、诗人、民族英雄。

俞大猷一生几乎都在与倭寇作战,战功显赫,他所率领的"俞家军"甚至能将敌人吓退,与戚继光并称为"俞龙戚虎",扫平了为患多年以及趁机作乱的伪倭寇。虽然战功累累,却经常被弹劾而遭到免官,甚至多次被人冒领军功,但俞大猷却从来不会计较,仍旧全力打击倭寇。

创立兵车营,设计创造了用兵车对付骑兵的战术。

官授平蛮将军,死后被追谥为武襄。

著有《兵法发微》《剑经》《洗海近事》《续武经总要》等军事、武术作品,后人将俞大猷生平所作诗词等编汇成《正气堂集》。——编者注

② 戚继光(1528年11月12日—1588年1月5日),字元敬,号南塘,晚号孟诸,卒谥武毅。汉族,山东蓬莱人(一说祖籍安徽定远,生于山东济宁微山县鲁桥镇)。明朝抗倭名将,杰出的军事家、书法家、诗人、民族英雄。

戚继光在东南沿海抗击倭寇十余年,扫平了多年为虐沿海的倭患,确保了沿海人民的生命财产安全;后又在北方抗击蒙古部族内犯十余年,保卫了北部疆域的安全,促进了蒙汉民族的和平发展。

写下了十八卷本《纪效新书》和十四卷本《练兵实纪》等著名兵书,还有《止止堂集》及在各个不同历史时期呈报朝廷的奏疏和修议。

同时,戚继光又是一位杰出的兵器专家和军事工程家。他改造、发明了各种火攻武器;他建造的大小战船、战车,使明军水路装备优于敌人;他富有创造性地在长城上修建空心敌台,进可攻退可守,是极具特色的军事工程。——编者注

当重大成本,终于将倭寇扑灭。在此过程中又都是以陆战为主,这也正是"下策",不仅战斗极为艰苦,而且沿海富饶之区也备受蹂躏,对于国力产生极大的消耗,加速了明朝的衰亡。

(2)倭患的逐渐消灭又与日本国内政情有关。丰臣秀吉时代(1583—1603)为实现其征服东亚的野心,曾有一连串禁止海盗的措施,目的为转化民间武力为正规海军。以后两次侵韩失败,倭寇来源更受影响而减少。

(3)最后还有一个有趣的原因,那就是本来与倭寇合作的中国海盗势力日益壮大,逐渐与倭寇冲突,并使后者的生存空间日益缩小。在官军与海盗的双重压力之下,倭寇遂终于被迫出局。

16世纪中叶以后,代替明朝海军和倭寇而主宰中国海域的主力为本国海盗。这种海盗有严密的组织、优秀的舰队,近似"独立王国"。其实力最大者不仅控制海上交通线,而且更垄断海上贸易的实际利益(一般商船都要向他们交纳保护费,而他们自己也兼营贸易),而成为明代海上活动的真正主角。虽然此时西方海权的先头部队,例如葡萄牙、荷兰的船只已经来到,但还只能算是配角而已。

海盗的存在几乎与明代相终始。明亡时,更变成爱国志士企图复国的主要凭借。这样也就要谈到第三个故事:明郑与台湾。

(三)明郑与台湾

明崇祯十七年(公元1644年),清兵入关;同年,明宗室福王即位南部,史称南明。直到1683年,清军进入台湾,明代始正式结束。这最后四十年可以称之为"烈士时代",中华民族的精英分子为了维护民族文化所做的牺牲真是壮烈无比,而其中最杰出的代表即为郑成功父子(史称明郑),明郑是继郑和之后再次出现海权特征时代,尤其难能可贵的是明郑海权几乎改变了历史,并为未来的海洋中国提供唯一的经验。

郑成功之父芝龙本是闽海最大海盗,受抚后仍保持独立态势。清军南下,芝龙迎降,而成功则独举义师,纵横海上,成为历史上伟大的民族英雄。他凭借海权优势,取金厦两岛为基地(公元1650年)并北伐南京(公元1659年)。这十年是明郑的黄金时代。北伐是明郑兴衰的关键,郑军"众十余万,戈船数千"为我国历史中最远程、最庞大的两栖作战。可惜功败垂成,明郑从此元气大伤,除仍能制海外,陆上已难有所作为。

此后,成功遂击败荷兰人,收复台湾来作复兴基地(公元1661年)。可惜次年(公元1662年)成功即病死,其复国事业由其子郑经继承。这个海上政权一直维持到1683年(清康熙二十二年)始结束,为篇幅所限,对这段历史无法细述,只能对战略思想扼要分析如下:

郑成功矢志复国,不计成败以寡敌众,其忠忱勇气都值得后世景仰,但从战略观点来看,则至少是瑜瑕互见。最可惜的是郑经退守台湾之后,有一段长达十年的冷和阶段(1663—1672),他不曾努力开发台湾和拓展国际经贸关系,以厚植国力,尤其不曾乘机向东南亚发展,以扩大其复国基地(当时,他有机会攻取菲律宾但不曾认真考虑)。当然郑氏父子的心情可以谅解,他们肩负着反清复明的历史使命,遂无法集中全力来建设海洋中国。结果,陆上行动的失败又影响海权的发展。最后,海上优势逐渐丧失,并终于难免败亡的命运。这一段往事实在是值得后人深深省思。

三、明代战略著作

有明一代战略著作颇多,无法一一列举,但至少有两部巨著应特别提出,因为它们的确可说在我国战略思想史上大放异彩。

茅元仪(1594—1644)所著的《武备志》。全书共二百四十卷,约二百余万字,其篇幅之巨打破兵书的历史记录,尤其是以个人力量编成一部如此完整的军事百科全书,也可能已打破世界历史记录。他著书共花了十五年的时间,其所包括范围真是包罗万象。全书分五大部分:(1)兵诀评。(2)战略考。(3)陈练制。(4)军资乘。(5)占度载。当然,我们不能以现代眼光来批评古人,但以当时的情况而言,应算是了不起的成就,甚至于今天研究我国古代军事战略时仍应视为重要参考书之一。

顾祖禹(1631—1692)所著的《读史方舆纪要》,全书共一百三十卷,约二百八十万字,所引用地名有三万个之多,为世界历史中最伟大的军事(战略)地理著作,诚可谓民族之光。顾氏从二十九岁时开始著书,二十年间十易其稿,到五十岁时才完成,其治学的精神和努力都深值后人景仰。此书虽以地理为主体,但著者有高深的战略修养,其在战略方面所作的论述都含有高度智慧,具有永恒价值。

此外,在海权思想方面,郑若曾所著的《筹海图编》已见前文,故不赘述。总结言之,明代的文治武功虽不算第一流,但在战略思想上却有超时代的成就。

清　　代

清代入主中国建立我国历史上第二个少数民族统治,其文治武功之盛比元不足但比明则有余。不过,从战略思想观点看清朝,则成就似乎很平凡,尤其是在太平天国与鸦片战争之前,更是乏善可陈。

以太平天国为起点的长期内乱,加上欧风东渐,外患日趋严重,遂自然对中国精英分子思想构成强烈冲击。太平盛世的美梦开始觉醒,而忧患意识也随之产生。

所谓中兴名臣曾国藩①、胡林翼②、左宗棠③、李鸿章④等,都有相当卓越的战略思想,但不能形成完整体系。四人之中,胡林翼曾著有《读史兵略》(正编四十六卷,续编二十八卷),虽无特殊高深见解,仍不失为一家之言。曾国藩虽无著作,但从其日记、书信、奏议等资料中可以发现他有战略天才,并曾提出若干颇有创意的战略

---

① 曾国藩(1811年11月26日—1872年3月12日),汉族,初名子城,字伯涵,号涤生,宗圣曾子七十世孙。中国近代政治家、战略家、理学家、文学家,湘军的创立者和统帅。与胡林翼并称曾胡,与李鸿章、左宗棠、张之洞并称"晚清四大名臣"。官至两江总督、直隶总督、武英殿大学士,封一等毅勇侯,谥曰文正。——编者注
② 胡林翼(1812年7月14日—1861年9月30日),字贶生,号润芝,晚清中兴名臣之一,湘军重要首领,汉族,湖南益阳县泉交河人。道光十六年进士。授编修,先后充会试同考官、江南乡试副考官。历任安顺、镇远、黎平知府及贵东道,咸丰四年迁四川按察使,次年调湖北按察使,升湖北布政使、署巡抚。抚鄂期间,注意整饬吏治,引荐人才,协调各方关系,曾多次推荐左宗棠、李鸿章、阎敬铭等,为时人所称道。在武昌咯血死。有《胡文忠公遗书》等。——编者注
③ 左宗棠(1812年11月10日—1885年9月5日),汉族,字季高,一字朴存,号湘上农人。晚清重臣,军事家、政治家、著名湘军将领,洋务派领袖。曾就读于长沙城南书院,二十岁乡试中举,但此后在会试中屡试不第。他留意农事,遍读群书,钻研舆地、兵法。后来竟因此成为清朝后期著名大臣,官至东阁大学士、军机大臣,封二等恪靖侯。一生经历了湘军平定太平天国运动、洋务运动、平叛陕甘同治回乱和收复新疆维护中国统一等重要历史事件。——编者注
④ 李鸿章(1823年2月15日—1901年11月7日),晚清名臣,洋务运动的主要领导人之一,安徽合肥人,世人多尊称李中堂,亦称李合肥,本名章铜,字渐甫或子黻,号少荃(泉),晚年自号仪叟,别号省心,谥文忠。
作为淮军、北洋水师的创始人和统帅、洋务运动的领袖、晚清重臣,官至直隶总督兼北洋通商大臣,授文华殿大学士,曾经代表清政府签订了《越南条约》《马关条约》《中法简明条约》等。
日本首相伊藤博文视其为"大清帝国中唯一有能耐可和世界列强一争长短之人",慈禧太后视其为"再造玄黄之人"。著有《李文忠公全集》。与俾斯麦、格兰特被并称为"十九世纪世界三大伟人"。——编者注

观念。例如其在创练湘军时所提出的建军原则:"营官二百两,长夫一百八十人。"表示他对组织和后勤的确有超时代认识。

　　海防与塞防之争为清代同(治)光(绪)年间一次重要的战略大辩论,对此后我国的国家安全有极深远的影响。在此争议中双方主角即为左宗棠和李鸿章。至于参加辩论的精英分子则更多,有沈葆桢①、郭嵩焘②、张之洞③等,无法一一列举。他们所持的论点,自今日视之也许不足为奇,但我们不应用现代眼光来苛责古人,因为任何人的思想都必然受到时代与环境的限制。所以,尽管有人认为左宗棠误用"骑射时代"的思想于"炮舰时代",李鸿章"但知有

---

　　① 沈葆桢(1820—1879年),原名沈振宗,字幼丹,又字翰宇,汉族,福建侯官(今福建福州)人。晚清时期的重要大臣,政治家、军事家、外交家、民族英雄。中国近代造船、航运、海军建设事业奠基人之一。他是清朝抵抗侵略封疆大吏林则徐女婿。

　　咸丰十一年(1861年),曾国藩请他赴安庆大营,委以重用。同治十三年(1874年),日本以琉球船民漂流到台湾,被高山族人民误杀为借口,发动侵台战争。清廷派沈葆桢为钦差大臣,赴台办理海防,兼理各国事务大臣,筹划海防事宜,办理日本撤兵交涉。由此,沈葆桢开始了他在台湾的近代化倡导之路。

　　光绪元年(1875年),沈葆桢回朝廷,上北京后,被任为两江总督兼南洋大臣,负责督办南洋水师。沈葆桢以朝廷经费有限,分散建南、北洋水师感到不足,主动提议先集中力量建北洋水师。

　　光绪五年(1879年),在江宁病逝于任上,享年59岁。谥文肃,朝廷追赠太子太保衔。——编者注

　　② 郭嵩焘(1818—1891年),晚清官员,湘军创建者之一,中国首位驻外使节。乳名龄儿,学名先杞,后改名嵩焘。字伯琛,号筠仙、云仙、筠轩,别号玉池山农、玉池老人。湖南湘阴城西人。唐朝大将、汾阳王郭子仪的后裔。1847年进士,1854至1856年佐曾国藩幕。1862年授苏松粮储道,旋迁两淮盐运使。

　　1863年任广东巡抚,1866年罢官回籍,在长沙城南书院及思贤讲舍讲学。1875年经军机大臣文祥举荐进入总理衙门,旋出任驻英公使,1878年兼任驻法使臣,次年迫于压力称病辞归。——编者注

　　③ 张之洞(1837年9月2日—1909年10月4日),字孝达,号香涛,又是总督,称"帅",故时人皆呼之为"张香帅"。晚清名臣、清代洋务派代表人物。出生于贵州兴义府,祖籍河北沧州南皮。咸丰二年(1852年)十六岁中顺天府解元,同治二年(1863年)廿七岁中进士第三名探花,授翰林院编修。历任教习、侍读、侍讲、内阁学士、山西巡抚、两广总督、湖广总督、两江总督(多次署理,从未实授)、军机大臣等职,官至体仁阁大学士。——编者注

洋务,不知有国务",实均非持平之论。事实上,当时知识分子爱国心切,言论激昂,不仅切中时弊,而且也开风气之先,可供后人楷模。其意义实极深长,其影响亦复久远。

西欧海权与俄罗斯陆权同时进向东亚,形成李鸿章所谓"千古未有之巨变",但揭开变局序幕者又是鸦片战争(公元1840年)。鸦片战争是我国有史以来所受到的第一次大规模海上攻击,西方船坚炮利的战略优势对一向以"天朝"自居的中国士大夫产生强烈的震撼,于是他们纷纷提出意见,但真能高瞻远瞩、有资格算是战略思想者则少之又少。唯一值得介绍的可能仅为林则徐(1785—1850)和魏源(1794—1857)。

林则徐是鸦片战争中中国方面的主角,他很早即对英人野心和世界情况有相当了解,他也曾对海防提出最原始化的战略构想,主张弃大洋,守内河,并主张"能守而后能战,能战而后能和"的基本原则。最后,他还提出"以夷制夷"的观念和以贸易为手段。他说:"驭夷不外操纵二端,而操纵便在贸易一事。"

不过,从战略思想观点来看,林氏只能算是先驱者,真正能够提出有系统理论的人则为他的友人魏源[①]。后者固然深受林则徐的影响,但能著书立说,成一家之言,实可谓青出于蓝。

魏源常被后世学者誉为中国的马汉(A. T. Mahan),其实他

[①] 魏源(1794—1857年),清代启蒙思想家、政治家、文学家。名远达,字默深,又字墨生、汉士,号良图。汉族,湖南邵阳隆回金潭人。道光二年(1822年)举人,道光二十五年(1845年)始成进士。官高邮知州,晚年弃官归隐,潜心佛学,法名承贯。近代中国"睁眼看世界"的首批知识分子的优秀代表。

魏源认为论学应以"经世致用"为宗旨,提出"变古愈尽,便民愈甚"的变法主张,倡导学习西方先进科学技术。并提出"师夷长技以制夷"的主张,开启了了解世界、向西方学习的新潮流,这是中国思想从传统转向近代的重要标志。——编者注

的时代要比马汉早半个世纪。其传世之作《海国图志》，不仅是我国最早的世界政治地理著作，也象征现代海洋战略思想在中国的萌芽。其卷二《筹海篇》中含有很多的创新观念，并与以后马汉在《海权对历史的影响》一书中所提出的基本观念不乏吻合之处。这也是两人常被相提并论的理由，甚至于还有人认为马汉可能曾受魏源影响，但并无确证，不过，《海国图志》曾被译为日文则为事实。

虽然，以魏源为起点，清代精英分子虽多主张"师夷之长技"，但他们似乎仅知重视武器技术，并无人尝试引进西方战略思想。直到民前六年，清廷始设立陆军学堂（为三军大学的最早前身），西方军事思想才开始从日本间接引入。克劳塞维茨的最早译本也可能是在此阶段产生。海军引入西方技术虽较早，但思想方面反而落后，最令人不解者是海军出身的严复（几道）虽以翻译西方名著出名，但从不曾介绍西方的战略思想，他与马汉差不多同时，应该看过马汉的著作，但很具讽刺意味，马汉的《海权对历史的影响》直到1990年才有中译本。

结　　论

辛亥革命结束了满清王朝，也结束了中国战略史的近代，此后历史进入现代。如何融合中西思想而在我国战略史中开创新纪元，将是我们这一代研究战略学者所应完成的光荣使命。

第八章
克劳塞维茨与孙子

引言　　　概括评论
身世与时代　异同之辩
传世之作　结论

引　言

当今之世,想要从事战争研究或战略研究的学者真可以说是有福了,在当前所谓资讯时代,可以有无限多的资讯供其利用,尤其是有任何人穷毕生之力都读不完的好书供其参考。所以,古人治学常感资讯不足,而今人治学则所害怕的不是资讯不够,而是资讯太多,多到无法消化,甚至于也无法选择的程度。资讯丰富(information plenty)对于治学者而言,的确是一则以喜,一则以惧。喜的是有如入宝山之感,但惧的却是可能会空手而返。

因此,治学者必须谨守博观约取①的原则。浏览之书固不厌其多,精读之书则应力求其少。任何学域中真正可以列入必读书单的书都不会太多,**若以战略为研究范围,则更是屈指可数。虽然无人做过意见调查,但是,根据中外学者的论著,似乎至少有两部书是大家所一致公认的必读书,第一是孙子的《孙子兵法》,第二就是克劳塞维茨的《战争论》**(On War)。当代名人对这两部书所做的评价实在是太多,在此自不可能列举,以色列战略专家克里费德

---

①　博观约取,广博读书而简约审慎地取用。宋·苏轼《稼说送张琥》:"呜呼,吾子其去此而务学也哉! 博观而约取,厚积而薄发,吾告子止于此矣。"——编者注

(Martin van Creveld)①之言也许可作为代表:"**在所有一切的战争研究著作中,《孙子》是最好的(best),而《战争论》则屈居第二(second best)。**"

毫无疑问,这两部书同为不朽之作,具有博大精深的思想,同样值得深入研究。克劳塞维茨生于18世纪末期(公元1780年),逝于19世纪初期(公元1831年);孙子的时代虽无法精确考证,但大致可认定为公元前5世纪。所以,两人在时间上前后相距约两千年。以空间而言,一在古代中国,一在近代欧洲,从时空背景上来看,二者之间的差异的确是相当大。但令人感到惊异的是,他们两人在思想上虽各有其特点,但其间又有很多相似或暗合之处。因此,若能对他们的著作和观念加以比较分析,则不仅可以获得若干新的启示,而且也更能够加深对战略思想的了解。尤其是能增强后期学者研读先贤名著的兴趣,并激发其更上层楼的勇气。孔子说:"后生可畏,焉知来者之不如今也。"这也就是本章写作的主要动机。

身 世 与 时 代

从思想史的观点来看,任何思想的来源即为思想家的本身,

---

① 马丁·范·克里费德(Martin van creveld),以色列希伯来大学教授,世界著名军事历史学家与战略研究专家。1946年出生于荷兰鹿特丹,后随家人移居以色列,先后在伦敦政治经济学院和耶路撒冷希伯来大学接受教育,1971年起在希伯来大学任职。克里费德教授精通希伯来语、英语、德语、荷兰语,曾在多个国家的战略研究机构任教,包括美国、英国、加拿大、新西兰、以色列、挪威、南非等国的高级军事院校。出版专著20余部,目前已被译为17种语言在学术界广为流传。主要著作包括《补给战:从华伦斯坦到巴顿的后勤史》(1977年)《战争指挥》(1985年)《战争的转型》(1991年)《国家的兴衰》(1999年)《战争面貌的改变:马恩河战争到伊拉克战争的经验》(2006年)《战争文化》(2008年)等。——编者注

第八章 克劳塞维茨与孙子

思想是出自思想家的头脑(或心灵)。所以,要想研究和了解某一思想家的思想,则首要的步骤就是必须先知道他个人的身世,以及其时代背景。对于近代的思想家而言,此种背景知识的获致可以说是殊少困难,但对于远隔千年的我国古代圣哲而言,则完全不一样,甚至于可以说一起步,就会立即遭遇很多的难题。

有关孙子的身世,唯一权威记载就是《史记》,但《史记》的内容不仅非常简略,而且疑问也很多。自从宋代开始,孙子的身世以及其著作的真伪,即已引起无穷的争论,众说纷纭,莫衷一是。不过,若以司马迁的记载作为最原始的根据,则又至少可以认定下述三点:(1) 孙子名武,齐人;(2)《孙子兵法》为十三篇;(3) 孙子曾为吴将。

除《史记》之外,再根据战国时代其他著作(《荀子》、《韩非子》、《尉缭子》等)以及汉代著作加以综合研判,似乎又可以获得下述四点推论:

(一) 孙子绝非纸上谈兵之士,他像克劳塞维茨一样,有丰富的战争经验,他的书是一本切合实际的教科书。就这一点而言,孙子也许要比克塞维茨略胜一筹,而更接近约米尼。因为霍华德(Michael Howard)①曾赞誉约米尼的《战争艺术》是 19 世纪最伟大的军事教科书。

(二)《孙子》成书的时代是可以考证的,因为从战国时代起即称"孙吴",足以证明孙子是早于吴子。吴起为战国初期人,其逝世于公元前 381 年,所以,孙子的时代应为春秋末期(公元前 5 世

---

① 见本丛书第一本《战略研究入门》p.9 注②。

纪)。此时正为春秋变成战国的历史转型期,原有的二元(晋楚)体系瓦解成为多元体系。北面三家分晋,建立三个新王国;南面由于吴越的兴起,引起不断的战争。孙子不仅亲自参加,而且也自然会以此种经验来为其著作的基础。

(三)由于时代的久远,从残存文献上无法知道孙子在思想上曾否受到其他先哲的影响,但可以断言在其以前即已有兵家和兵书之存在。《孙子》书中曾引述《兵法》和《军政》各一段,那都是较早的兵书;《始计》篇中又说"此兵家之胜不可以先传也",足以证明兵家名词早已通用。所以,孙子并非兵家之祖,似乎也可暗示其学还是有所本。

(四)今天所保存的《孙子》十三篇为原始著作,虽其中不免有后人窜改错录之处,但绝非伪书,也非残稿。那是一本完整的书籍,有其完整的逻辑结构,代表完整的思想体系。尤其是1972年山东临沂银雀山汉墓中出土的竹简,更能提供确实证据。

和孙子形成强烈对比,克劳塞维茨的身世和时代不仅毫无疑问,而且也已有详细的记录和深入的研究,我们不仅知道其人其事,而且还能追踪其思想演进的心路历程。当然,在此只能作精简的叙述,读者可以自行作较深入的研究。

克劳塞维茨(Carl Philip Gottlieb von Clausewitz,1780－1831),普鲁士人,出身于小贵族家庭,幼年开始从军(公元1792年),曾参加法国革命战争和拿破仑战争(1793—1815),可谓半生戎马,为一典型职业军人。但他具有好学深思的本性,虽为军人却从未放弃对研究和写作的兴趣。严格说来,他是不宜做官而长于治学。他从二十四岁开始写作,范围相当广泛,包括历史、哲学、政

第八章 克劳塞维茨与孙子

治、军事等,到1815年累积原稿不下数千页。这些早期著作虽不成熟,仍足以奠定其学术基础和开拓其思想路线。

从1816年起,他才决定根据研究所得,加上战争经验,开始写一本有系统的综合理论著作。但直到1818年调至军校才让他有充分时间专心写作。投闲置散①在仕途上可谓不幸,但就克劳塞维茨的历史地位而言,则似乎为不幸中之大幸。

前后共计十年(1818—1827),克劳塞维茨的巨著写好了六篇,其余两篇也已完成初稿。到1827年他对战争性质有了新的观念,遂决定再作一次彻底修正,但只完成第一篇第一章。1830年他调任新职,只好暂时搁置,不料1831年他就病逝,于是其巨著在1832年只能以尚未完全修正的原稿付梓。这就是我们今天所看到的《战争论》。

我们不知道孙子之学有无师承,但克劳塞维茨的恩师为沙恩霍斯特(Gerhard Johann David Scharnhorst,1755‐1813)则是人尽皆知的事实。这位老师对其弟子影响之大几乎无法形容。他启迪其思想,塑造其人格,决定其成就。尤其是后者的全部理论又都是以前者所已发展的架构为基础。

就时代精神(Zeitgeist)而言,克劳塞维茨要算是启明时代的产儿(A Child of the Enlightenment),尽管他又成为反启蒙时代(counter-Enlightenment)的先驱,他深受那个时代哲学思想的影响。他也许要算是康德(Immanuel Kant,1724‐1804)的再传弟子,在其晚年又曾受黑格尔(Georg W. F. Hegel,1770‐1831)的

---

① 投闲置散,投、置:放。放在闲散的位置上。指不被重视或不被任用。唐朝的韩愈《进学解》:"动而得谤,名亦随之。投闲置散,乃分之宜。"——编者注

影响。此外,他也曾企图以孟德斯鸠(Charles de Montesquieu, 1689-1755)的《论法的精神》(Spirit of the Law)为其著作的范式。

克劳塞维茨精通战史,对战争也有足够的经验,所以,他的思想不流于玄想,始终不与现实脱节。很明显,他是为未来高级将领而写书,因此,与其说他是思想家,则不如说他是教育家。在另一方面,他虽从不以哲学家自居,但其思想却非常曲折深入,非常人所能及。在写《战争论》时,他自己感觉到:"文笔完全脱离我的控制……愈写就愈受分析精神的支配,于是也就愈回到系统化的路线。"

这也正是克劳塞维茨在思想方面的最大特点,甚至于也可说是最大的矛盾。他经常徘徊于抽象与具体、理想与经验之间,这也是其二元论的根源。他自己似乎经常在寻找二者之间的平衡点,于是也更增加其著作在理解上的难度。

传 世 之 作

克劳塞维茨和孙子一样,都是以"立言"来获得其历史上的不朽地位。假使没有《战争论》,在今天的世界上可能很少有人会知道两百年前的普鲁士陆军少将克劳塞维茨。假使没有十三篇,则更不可能还有人记得两千年前的中国历史中曾有孙子(武)其人。

克劳塞维茨是一位多产作家,一生之中所曾写作的文章真是多到了难以计算的程度。他死后由其夫人所编辑出版的遗著共为十卷,而《战争论》则构成其前三卷,但事实上,尚有若干著作遗失或未被纳入，所以严格说来，今天世界上并无真正的克劳塞维茨全集之存在。

克劳塞维茨著作虽多，但真正足以代表其思想精华并具有不朽价值的书只有一本，那就是他自己认为尚未完成、仍待修改的《战争论》。所以，要了解克劳塞维茨的思想，则必须从《战争论》的研究入手，其他的著作以及他人的评论都只能供参考而已。

《战争论》第一版（1832年）只印了一千五百部。二十年都没有卖完，于是出版商决定发行第二版。第一版是完全照克劳塞维茨所亲手封存的原稿排印，足以代表《战争论》的原文。但第二版（1856年）由其内弟布流尔（von Bruhl）负责校订时，乘机作了很多的窜改。这真是非常不幸，因为其修改在若干要点上改变了原义，使克劳塞维茨的观念受到误解，可谓误尽苍生。

非常具有讽刺意味的是，原始的第一版不仅不畅销，甚至于也不受重视，但修改后的第二版却风行世界，几乎变成军事领域中的《圣经》。这似乎是一种奇迹，但又非不可解释。克劳塞维茨的高足老毛奇三战三胜，成为不可一世的英雄人物，于是老师的书也随之而洛阳纸贵。天下事往往如此，足以暗示人类的心态是如何浅薄和势利。

直到1952年，西德发行第十六版《战争论》时，才又终于把克劳塞维茨的原稿再度呈现在世人的眼前，使过去的若干误解得以澄清，实为军事思想史的一件大事。《战争论》的问世到现在不过一百六十三年，其经过都还有这样多的曲折，孙子的书至少有两千年的寿命，历经如此长久时间，而其内容仍能保持相当完整，而未有太多的窜改和遗失，对比之下，的确是一大奇迹。

据陆达节①的《孙子考》，从古到今，《孙子》有八十余种版本，现仍保存者约三十余种。大陆学者许保林则指出据现存书目粗略统计，历代注解批校《孙子》者有二百一十家，各种版本近四百种，至于其他受孙子影响或引述其言论的学者则更多到无法计算。版本虽多，但大致可分两大系统，一为"十一家注"系统，另一为武经系统，二者在文字上虽有若干差异，不过并不会因此而对内容产生严重误解。银雀山竹简的出土虽曾轰动一时，事实上，汉简本与今本并无太多差异，至少不会令人对《孙子》原义发生新的疑问。

《孙子》与《战争论》同为完整的书，代表完整的思想体系，各篇（章）的编排有其逻辑顺序，前后连贯，纲目分明。尤其是两千年前古书的《孙子》能够如此，则更是令人敬佩。

就思想体系而言，《孙子》十三篇可以分为四大段：

（一）第一篇到第三篇（《始计》、《作战》、《谋攻》）为第一段。

---

① 陆达节（1895—1968年），原名陆建琅，字守庵，海南省文昌市重兴镇敦陶村人，教授。

1920年毕业于北京大学本科中国哲学系及研究院国学系。先后在广西玉林中学、海南文昌中学、广东省立第六师范学校（海南琼台师范前身）任教。曾与海南教育界知名人士钟衍林、陆兴焕等创办琼海中学（今海南中学前身）。

20世纪20年代后期赴新加坡育英学校任教。30年代初回国，曾在南京训练总监部军学编译处任少将编译官兼图书馆主任。

抗日战争后期，在国立中山大学任教授、文学院代院长。抗战胜利后，与海南热心教育事业人士筹办海南大学，任筹备委员；任中山大学、广东省立法商学院、私立文化大学、珠海大学教授。

1949年后回海南，任海南大学、海南师范学院教授。其后在海南中学、海南师范专科学校任教。

编著较多，计有著作类、编辑类图书各20余种，校印类多种。其中著名的有《历史兵书目录》和《孙子考》。

《历史兵书目录》辑录古代兵书1304部，6831卷，是一部收录古人兵书最完整的著作；《孙子考》把《孙子》方面的原著、注解、评论等，无论见于正史、文集、方志及各家目录记载文学都广收博采，资料收集相当齐全，是目前研究《孙子》比较好的参考书。

1968年因病逝于海南琼州府城。——编者注其内容大体属于国家战略(大战略)层次,不过又还是把军事战略包括在内,而且仍以此为焦点。这一段代表孙子思想的最高阶段。

(二)第四篇到第六篇(《军形》、《兵势》、《虚实》)为第二段,代表孙子对野战战略的完整理论,可以说是将道的精华,真正的战争艺术(野战战略为我国现行军语,古代称为用兵,西方则称为作战)。

(三)第七篇到第十二篇(《军争》、《九变》、《行军》、《地形》、《九地》、《火攻》)为第三段。这一段包括篇数最多,内容也比较杂乱,而且常跨越不同层次,就文辞而言,也常有漏洞和难解之句,以及可能为后人窜改或错接的结果。不过很侥幸,这六篇所论多属层次较低的问题,对于战略思想的研究较不重要。但其中又仍有若干名言,值得特别注意。

(四)第十三篇(《用间》)独立构成第四段。把情报提升到战略层面,实为孙子思想的最大特点。全书以计划(国力评估)为起点,以情报为终点,而后者又构成前者的基础。于是全书前后连贯,首尾呼应,诚如孙子所云,有如常山之蛇,形成完整的体系。

这样的书几乎完全符合现代学术著作的标准,在古代可谓绝无仅有。所以,孙子在我国兵学中的地位是无人能及,称之为"兵圣",孰曰不宜?

《战争论》亦复如此,其内容虽复杂繁琐,但全书仍能构成完整体系。这是一部巨著,共为一百二十五章,分成八篇(Books),各篇内容可以简述如下:

第一篇《论战争性质》(On the Nature of War):内容为界定战争的通性,并列举其要素。

第二篇《论战争理论》(On the Theory for War):说明理论的

用途和限制，也可以算是所谓"方法学"。

第三篇《战略通论》(On Strategy in General)：包括各种战略要素之讨论，尤其注重精神因素。

第四篇《战斗》(The Engagement)：以会战为讨论焦点，并确认军以战斗为主的观念。

第五篇《兵力》(Milaary Forces)：包括有关兵力组织、部署、行动等方面的讨论。就层次而言，已接近战术。

第六篇《防御》(Defense)：全书中最冗长的一篇，包括许多传统观念在内。克劳塞维茨写完这一篇才感觉到已写成的部分有彻底修改之必要。

第七篇《攻击》(Attack)：这一篇仅为初稿，内容与前章形成相对关系，足以暗示二元论的趋势。

第八篇《战争计划》(War Plans)：这一篇虽也是初稿，但非常重要，因为它代表全书的总结，与第一篇遥遥相对，互相呼应。尽管语焉不详，但全书主要理念都已汇集于此。

概括言之，全书在逻辑顺序上是由合而分，再由分而重归于合。因此，全书似乎可分为三大段：

（一）第一和第二两篇构成第一段，为全书的绪论，说明作者著书目的和所用方法。这应该是全书中最重要的部分。因为若不明其目的，则何必读此书；若不明其方法，则也无法了解此书。

（二）第二篇到第七篇构成第二段，为全书的原始主题，即野战战略与军事行动的指导。大致代表克劳塞维茨思想中的纯军事部分。他是直到晚年才开始扩大其思想范围，超越纯军事的境界。除第七篇外，其余都是原始初稿，尚未修改。

（三）第八篇单独构成第三段。它是全书的总结，与第一篇首

第八章　克劳塞维茨与孙子

尾呼应,并充分显示战争与政治的不可分。从全书架构上来看,《战争论》与《孙子》颇为类似。《孙子》以《始计》为起点,以《用间》为终点;《战争论》以《论战争性质》为起点,以《战争计划》为终点。都是首尾呼应,使全书在理论体系上形成一个整体。

《战争论》是一部未完成的巨著,写作过程长达十余年,所以必须了解克劳塞维茨本人思想是如何演进,然后才能解释其书中若干似有矛盾混淆的部分。大致说来,《战争论》的第一段所反映的是其思想发展中的最后阶段,第二段所反映的是最早阶段的思想,而第三段在时间上则位于前后两阶段之间。简言之,若对克劳塞维茨的构思和写作过程缺乏认识,则研读《战争论》时也就必然会产生误解。

概 括 评 论

《孙子》和《战争论》同为完整的著作,同样有其完整的思想体系,而尤其是《孙子》为两千年前的古书,而能如此符合现代化治学标准,则更是令人不敢相信,甚至于当代研究《孙子》的西方学者大概也都缺乏这样的认知。他们常认为《孙子》的每一篇是可以分别研读(read independently),孙子似乎并未对其思想作系统的解释(systematic explanation);此种说法似是而非。《孙子》不仅代表完整的思想体系,而且简明扼要,远非冗长的《战争论》所能及!

《战争论》是一本巨著,长达六十万言,而《孙子》则是一本小书,虽分十三篇,但全长仅约六千字。不过,书的价值又并非字数能够评定。以学术地位而言,《孙子》这本小书至少是和《战争论》那本大书一样高明,甚或犹有过之。《战争论》不仅篇幅浩繁,而且文辞也非常隐晦,有些地方的确是令人难以理解,反而言之,《孙子》则文字优美,辞意畅达,实为古今中外所公认的好文章。日本学者高濑武次郎[1]曾指出:"《孙子》一书不但为兵家之秘宝,亦为文学上不可多得之大雄篇。"大陆学人刘伶[2]在其《孙子兵法的语言文学艺术》论文中说:"《孙子兵法》不仅是一部卓越的军事哲理著作,而且也是一部开议论散文之先河的文学精品……古代兵法,卷帙浩繁,为何《孙子》十三篇却能长期流传,其盛不衰,这同孙武驾驭语文的卓越才能和超群的技巧是直接相连,可谓文辞人皆诵习。"

《孙子》文辞优美,篇幅简短是其最大优点,所以才能长期流传,广受诵习。要背诵《孙子》是一点都不难,尤其是某些名言更已家喻户晓。反过来看,篇幅浩繁,文辞晦涩,是《战争论》的最大弱点。尤其是克劳塞维茨所特有的治学方法,即所谓"精密分析"(critical analysis),更是会使读者有如走进了"八阵图"一样。其结果即为大家所常说的一句老话:知道《战争论》的人很多,对它作断章取义的引用者也不少,但真正了解的人则少之又少。

这两部不朽之作不仅都有其完整的思想体系,而且还有其共同的哲学基础。它们究竟与哲学有些什么关系?这也早已成为热

---

[1] 高濑武次郎(1869—1950年),东京大学博士、教授,日本近代著名哲学家,研究中国学代表学者。曾为天皇讲授汉学课程,因研究阳明学广为世人所知。主要相关著作有《中国哲学史》《日本之阳明学》《阳明主义的修养》《老庄哲学》等。1910年曾将《中国哲学史》赠给胡适老师杜威,杜威回赠胡适的《中国哲学大纲》。梁启超在《子墨子学说》中便是借鉴了高濑武次郎《墨子哲学》的分析。——编者注

[2] 刘伶,解放军大连陆军学院教授,中国语言学会会员、中国社会语言学会理事、中国孙子兵法研究会理事、大连大学兼职教授、中国广播电视大学语言学顾问。著有《汉语教科书》《逻辑·语法·修辞十讲》《语言理论》《简明语言学辞典》《语言学概要》《西方语言学名著选读》《军事语言学》《孙子兵法在当今世界的妙用》《孙子兵法实用大典》《企业家兵法经营录》等。——编者注

门话题。从概括的观点来看，诚如当代大师薄弗尔将军（General Beaufre）所云："我深信战略也像所有一切的人事一样，其中的支配和导引的力量必须是理想，但那也就把我们带入哲学的境界。"这句话出现于其主要著作《战略绪论》的结尾处，足以代表其个人的领悟。我们读孙子和克劳塞维茨的书，迟早也会有同样的领悟。他们的书中不仅充满智慧，而且更蕴藏一种无法形容的灵感。

克劳塞维茨从未以哲学家自居，而且甚至于对哲学保持一种反对的态度，他说"任何理论家，以及任何指挥官，都不应钻进心理学和哲学的牛角尖"。尽管如此，他在思想上却曾受康德和黑格尔的影响，而且后人也常尊称他为"战争哲学家"，甚至连鼎鼎大名的雷蒙·阿隆（Raymond Aron）也未能免俗而以此为其书名！

至于在孙子的时代，所谓"哲学"这个名词根本还不存在，但现代学者又都认为《孙子》书中含有高深的哲学思想。冯友兰先生对《孙子》曾作下述论断："它是古代一部优秀的兵书，也是一部出色的哲学著作。"波兰学者高利科夫斯基（Krazvsztof Gawlikowski）认为孙子思想中含有一种"斗争哲学"（Philosophy of Struggle），那是一种独一无二的理论，在西方找不到与其平行的观念，他同时又认为那是一种高度抽象性的观念，其应用范围非仅限于战争，而可以推广及于任何其他的情况。

总结言之，孙子和克劳塞维茨在其思想中都有其哲学的层次，这也正是方东美先生所谓的"不言之教"。那是隐藏在其书中深处的最隐秘的部分，仍然留待后世有志之士去搜寻和发掘。就哲学观念而言，他们又有其共同的基础，即所谓"二元论"（dualism）。最简单的解释就是承认有两个独立实体同时存在，彼此虽可互赖互动，也可有先后或因果关系，但又始终保持其独立和特性。这一点非常重要，否则二元论就很容易被误认为是辩证法。

在《战争论》中最足以凸显二元论观念的部分有下述二者：(1) 克劳塞维茨终于把战争分成"绝对"(absolute)和"真实"(real)两大类；(2) 他用对等的两篇来分别讨论"攻击"和"防御"的独立地位和互动关系。至于《孙子》则在十三篇的第四、五、六、七等篇中，一系列的推出"攻守"、"奇正"、"虚实"、"胜败"、"众寡"、"迂直"、"利害"等相对观念，真可以说是集二元论之大全。因此，二元论是最能显示两书在哲学思想上确有其共同基础，至少，可以说是有其类似的根源。

克劳塞维茨在思想上曾受到哪些人的影响，早已有精密的考证，而且也可以说大致已有定论。至于孙子在思想上有何种渊源，虽有各种不同的推断，但严格说来，都很难定论。较流行的观念有两种：(1) 孙子思想是出于所谓"齐学"，换言之，是出于太公；(2) 兵家是出于道家。但事实上，这些理论的证据都很薄弱，很难令人信服。简言之，在孙子之前中国固然已有兵家兵学之存在，同时更有其他学派之存在，但他们对孙子究竟有何影响则无法确定。

异 同 之 辩

孙子和克劳塞维茨在时空背景上虽有巨大差异，所研究的却是同一主题——战争(war)。他们所采取的又是不同的观点，因此，其所获的结果也自然会有所不同。有人比之为"瞎子摸象"，这也暗示象还是那同一只象。因此，他们在思想上的关系的确是非常微妙，简言之，是同中有异而异中又同。实际上，他们不是对

第八章 克劳塞维茨与孙子

立而是互补,甚至于有时还是平行。所以,有许多人(尤其是西方学者)所看到的似乎只是一个表面,要想获得真正的了解,则必须有待于较深入的分析。

(一)常有人认为孙子所重视的是战略的最高阶层,而克劳塞维茨的焦点则放在较低的作战层面上,实际上并非如此。《孙子》十三篇中,除前三篇外,所论大致都是属于用兵的问题,尤其是四、五、六等三篇一气呵成,更是野战战略(作战)的精粹。反而言之,有人指出在《战争论》那样一部巨著之中,真正用来讨论战争高层指导的篇幅不过是头尾两篇而已,但他们却忽视了那也正是全书最主要和最精彩的部分。因为大战略的要义就是战争对政策的服从,由此可见克劳塞维茨虽未使用"大战略"这个名词,但他对大战略的内涵并非没有认识。

(二)克劳塞维茨重视战争与政治的关系,"战争为政策之延续"是人所共知的名言。孙子很少论"政",其思想是以"兵"为核心。孙子又并非不知政治的重要,他一开始就指出"兵者国之大事",并且也把"道"列为"五事"之首。不过,除此之外,孙子在其书中就不曾对政治因素作更多的分析又确为事实。另一方面,孙子可能是世界上第一位注意到战争与经济之间有密切关系的人。他把讨论经济问题的《作战》篇列为全书的第二篇,地位仅次于《始计》(第一),表示他认为在大战略计划中必须优先考虑经济因素。孙子说"兵久而国利者未之有也"实是千古名言,不仅与保罗·肯尼迪[①]在

[①] 保罗·肯尼迪,历史学家,曾获牛津大学博士学位,任英国皇家历史学会会长,现为美国耶鲁大学教授,重点研究和讲授当代战略和国际关系,同时兼任是多所大学、研究机构的客座研究员和客座教授。出版有多部有关海军史、帝国主义、英德关系、战略和外交等方面的著作,在世界史学界享有颇高声誉。——编者注

《大国的兴衰》书中的结论完全一致,而且至少早了两千年。与一般人的想象并不完全一致,克劳塞维茨也并非不重视经济因素,不过他却把经济视为一种先决条件,而不是其理论架构中所要分析的重点。

(三)克劳塞维茨在思想上多少呈现出一种反传统的趋势,但有一点却是完全代表启明时代的延续,那就是他对历史的重视。若从其著作的成分上来分析,则克劳塞维茨作为历史家的成分应该是多于战略家。他的全集中除《战争论》共三卷以外,其余七卷几乎全是历史著作,甚至于还有若干其他历史著作已经遗失。反而言之,《孙子》书中对历史最多只有暗示的提及,但对地理则有独到的研究,用现代术语来说,孙子应算是世界上第一位地略学家,在十三篇中至少有三篇是与地理有直接关系的,而强调地理重要性的语句更是在书中多处可见。所以顾祖禹所云"论兵之妙,莫如孙子;而论地利之妙,亦莫过于孙子",实为定论。克劳塞维茨在其书中当然也曾论及地理因素与战争的关系,但缺乏像孙子一样有体系和创见。

(四)克劳塞维茨重视战斗,寻求决战,以此为其全部战争理论的重心。他把毁灭敌军视为最高的理想。似乎是提倡暴力,反对和平,其书中也常有激情之语,令人有杀气腾腾之感。他一直都向往绝对战争,直到晚年才开始有新的觉悟,相信现实战争必然是有限战争,但已经太迟,来不及彻底修正他的原著。要想毁敌求胜,他也就非常重视数量优势和兵力集中,以至于李德·哈特遂讥其为"数量教主"(the Mahdi of Mass)。不过,李德·哈特的批评并不公正,因为其所推崇的孙子在这一点上与克劳塞维茨意见几乎完全一致。孙子说"胜兵若以镒称铢",这不是数量优势又是什么?孙子又说"形人而我无形,则我专而敌分",足以证明他也重视集中原则。

(五)孙子虽像克劳塞维茨一样重视攻击,但他又认为攻击并非仅限于使用武力。他在"谋攻"时分为四个层次,只在较低的层次才使用武力。他指出武力使用愈少愈好,最好完全不用。所以,"善用兵者屈人之兵而非战也……必以全争于天下,故兵不钝而利可全"。这个"全"字是关键。谋攻的理想目的为求全,而求全的关键又在于不战:"是故百战百胜非善之善者也,不战而屈人之兵,善之善者也。"反而言之,克劳塞维茨则一心以毁灭(破)为追求目标。所以从孙子的观点来看,克劳塞维茨的理想即令能完全实现,也还是只能算是"次之"。

(六)克劳塞维茨在探索战争的性质时有一重大发现,那就是战争中的不确实性(uncertainty),而它又分为两种,不同但又互动的因素:一为摩擦(friction),另一为机会(chance)。在战争中摩擦无所不在,这也构成现实战争与纸上战争的唯一区别。摩擦又可分为两种:一种是自然的抗力,另一种则为资讯的噪音(noise)。前者使一切努力都不能产生应有的效果,后者则形成所谓"战争之雾"(the fog of war)。机会也就是偶然,所以猜想和运气在战争中经常扮演重要角色,在人类活动领域中,战争是最接近赌博的活动。由于战争有敌对双方,于是又导致一种互动关系,简言之,甲方的摩擦对乙方构成可利用的机会,反之亦然,但克劳塞维茨对此并未作进一步深入研究。孙子却明白指出:"昔之善战者先为不可胜,以待敌之可胜。"所谓"不可胜"即尽量减少我方的摩擦,不让敌方有可利用的机会。所谓"待敌之可胜"即等待敌方摩擦对我方呈现可供利用的机会,孙子之言简明扼要,把摩擦与机会之间的互动关系表达无遗,实为克劳塞维茨所不及。

(七)克劳塞维茨在讨论军事天才时指出战争为危险的领域,所以"勇敢"(courage)是军人的首项要求。"名将而无勇是不可以想象的。"他又指出"单独的智不是勇",而"勇敢可以替理智添翼"。简言之,勇者必有智而智者不一定有勇。非常有趣的是,孙子的想法恰好与他相反。孙子论将,把"智"列在第一位,而"勇"则屈居第四位(智、信、仁、勇、严)。在其书中只提到智将,而从未提到勇将。克劳塞维茨强调战争具有不确实性,有时应不惜冒险,以战求胜。孙子则断言:"故其战胜不忒,不忒者其所措必胜,胜已败者也。"孙子又说:"胜兵先胜而后求战,败兵先战而后求胜。"所以,克劳塞维茨所主张的冒险一战,照孙子的观念来看,则虽然侥幸获胜,也还是"败兵",实不足取。

(八)孙子和克劳塞维茨之间有一重大差异,那就是他们对于情报的看法是完全不同的。孙子非常重视情报,其整个思想体系是以情报为基础。情报的功用即为"先知",无"先知"也就无"妙算",于是一切战略理论均将沦为空谈。相反,克劳塞维茨则对情报的价值作了极低的评估:"战争中有许多情报都是矛盾的,甚至于还有许多是虚伪的,而绝大多数都是不确实的。"两者之间的差距会这样大,真令人感到有一点莫名其妙,但又并非不可解释。克劳塞维茨所分析的是作战层面的问题,而孙子所重视的则为情报对于大战略的贡献,他的思想具有未来导向,所注意的是长程的预测和准备,而不是眼前的情况。简言之,克劳塞维茨所面对的还是拿破仑时代的战场,而孙子则与薄弗尔的观念非常相似。后者认为战略的任务就是控制未来,而控制又必须先知(to control is to foresee)。

(九)孙子说:"兵者诡道也。"在古今中外研究孙子的著作中,"诡道"是一个争执最多的问题。诡道的作用安在?孙子说:"战势不过奇正","以正合,以奇胜","善战者致人而不致于致人"。诡道即所以致人,即所以用奇,换言之,若无诡道,则也不可能获得主动的胜利。克劳塞维茨不重视欺诈(deception),也不重视奇袭(surprise)。他似乎有一点"吾宁斗力不斗智"的味道。不过,这又与欧洲中世纪骑士精神传统有微妙的关系,所以对克劳塞维茨不应苛责。

(十)克劳塞维茨曾说在他的思想中有所谓"核心"(Kernel)的存在,但令人感到失望,在《战争论》中又几乎找不到"核心"的踪影。关于这一点,他本人似乎也承认,因为他在其原序中曾经这样写:"也许一个较伟大的心灵不久将会出现,能用单一整体来代替个别的小金块。那个整体将由固体金属铸成,不含任何杂质。"事实上,那个较伟大的心灵早已出现,他就是孙子。孙子虽不曾说明其思想中有"核心"的存在,但只要把十三篇多读几遍,就能发现"核心"在哪里。"知"字在书中一共出现了七十九次,此外与"知"有关的"智"字出现七次,"计"字十一次,"谋"字十一次。可以显示"知"是孙子思想的核心。而"知彼,知己,知天,知地"也就代表永恒的教训。

结　　论

《孙子兵法》与克劳塞维茨《战争论》同为不朽之作,他们在思想上各有其特点,但经过较精密的比较研究之后又可以发现他们的思想并非互相矛盾,而是彼此补益。严格说来,是同多于异。孙子的最大优点为言简意赅,而克劳塞维茨的最大弱点为繁复隐晦,所以其对后世所产生的影响遂远不如孙子。

诚如李德·哈特在其为格里弗斯(Samuel B. Griffith)的《孙子》英译本写前言时所云:"孙子思想的透明(clarity)可以矫正克劳塞维茨的隐晦(obscurity)。"李德·哈特又指出:"孙子有较明晰的眼光,较深远的见识,以及永恒的新意。"

当然,克劳塞维茨也自有其伟大不可及的成就,至少到今天,世界上还不曾有一部能超越《战争论》的战争理论著作。明代的茅元仪曾云:"前孙子者,孙子不遗;后孙子者,不遗孙子。"我们也可以说,茅元仪的评估在西方军事思想史中对于克劳塞维茨也似乎同样适用。

第九章
毛奇三不朽

引言　　　思想与著作
毛奇的生平　将道与功业

引　言

假使有人问谁是西方历史中最成功的职业军人,我的答案毫无疑问就是德国的毛奇元帅(Field-Marshal Helmuth von Moltke)。假使有人问谁是西方历史中最伟大的参谋总长,我的答案仍然毫无疑问又是毛奇元帅。在此要略做一点解释:老毛奇是一位不折不扣的职业军人,而且也以职业军人终其身,这是他与许多古今名将不同的地方。有许多名将并非职业军人出身,又或身兼军政领袖——其中有些是世袭的君主,例如亚历山大和腓特烈,有些是后来掌握政权,例如恺撒和拿破仑。纯粹为职业军人的名将中,毛奇要算是最成功的一位。

毛奇不仅是名将而且也可以算是福将,他除了早年不得志以外,一生事业都是一帆风顺,他每战必胜,从未打过败仗,这是任何其他名将所不及的。他不仅位极人臣,而且克享天年,所谓富贵寿考①兼而有之,在我国历史上也许只有唐朝的郭子仪可以勉强与他相比,但是郭子仪的成就与处境又远不如他。

毛奇在事业方面最令人感到羡慕的是他乃开国元勋,不像许多其他的名将都只是撑持残局。他一生只有成功的经验而无失败

---

① 富贵寿考,富贵:有钱有势;寿考:长寿。旧指"升官发财又享有高龄"。——编者注

的教训,此诚可谓异数。他与俾斯麦(von Bismarck)和罗恩(von Roon)共同完成了德意志帝国的建国伟业,诚如威廉一世在大封功臣时所云:"你,陆军部长罗恩,曾经磨利了宝剑;你,毛奇将军,曾经使用它;而你,俾斯麦伯爵,曾经凭借政策的指导,使普鲁士达到了其最高顶点。"

若用我国历史来作一对比,则他们三人似乎很像汉初三杰萧何、张良、韩信——不过所扮演的角色却不完全相同,这当然一部分也是由于时代背景的差异。罗恩与萧何相似,其工作大致是在后勤方面,张良比较接近俾斯麦,但不如俾斯麦那样重要,而且汉高祖与威廉一世也是两位不同典型的君主,前者长于谋略,短于用兵,后者则为一位纯粹的军人皇帝。至于毛奇所扮演的角色虽与韩信相似,但远超过其限度。韩信所负责的只是作战的指挥,但毛奇的最大成就却是在战争准备方面。

毛奇不仅功业盖世,而且道德文章也为后人所景仰,尤其是其对参谋本部制度的贡献更是伟大。古人谓立德、立功、立言为三不朽,要想兼此三者实在是很难,在古今中外的职业军人之中,可能只有毛奇一个人勉强达到此项标准。所以他也的确可以算是职业军人的理想楷模。

尚未进入主题之前,在此先行引述第二次世界大战中的德国名将、德国陆军参谋总长古德里安上将(Gen. Heinz Guderian)对毛奇所作的介绍以来当做引子:

> 毛奇是德国陆军参谋本部的一位最重要的参谋总长。作为思想家和计划家,他是举世闻名,在作战的指挥中也已证明他是天才。仪表不凡,天性沉默,深思熟虑为其特色。他有伟

第九章 毛奇三不朽

大的影响力,不仅是伟大的军人,而且也是高贵的人、杰出的作家和对国事有充分研究的观察家。

毛奇的生平

毛奇出生于公元 1800 年,他的父亲本是普鲁士军官,后来移居丹麦并归化为丹麦公民,所以他的出身是丹麦陆军,并在 1819 年任尉官。两年之后,他在 1822 年又申请返回普鲁士陆军服役,我们在此必须先了解 19 世纪初叶欧洲的情况。当时职业军人从这一国转到那一国是一种很普通的现象,尤其是丹麦国王在那时仍兼石勒苏益格和荷尔斯泰因公爵(Duke of Schleswig and Holstein),所以丹麦也还算是在日耳曼的范围之内。因此,毛奇的行动一点都不稀奇,何况他的祖籍本来就是普鲁士。

但普鲁士人对这位志愿来归的青年尉官却很苛刻,首先要他通过一次严格的考试,然后再让他从最低的阶层爬起。一年以后,他幸运地被允许进入战争学院(旧译陆军大学),当时的院长就是克劳塞维茨。不过,克劳塞维茨根本不上课,所以毛奇并不曾亲聆其教诲。固然以后他的思想是深受克劳塞维茨的影响,那都是从书中读来的——简言之,他与克劳塞维茨的关系与其说是老师对学生,毋宁说是作者对读者。

战争学院的课程还是能使毛奇获益匪浅。像地理、物理和军事史等课程都教得很好,所以也使毛奇对这些学科发生了持久的兴趣。1826 年,他毕业后返回其团部服役两年,但大部分时间又都是花在理论性的工作方面,主要是充任师部军官在职教育的教官。1828 年他被派遣进入参谋本部工作,此后六十多年他都没有离开过。

除了在丹麦和普鲁士陆军中担任了五年中少尉以外,毛奇就再也不曾充任队职。当他六十五岁时在普奥战争中实际指挥作战以前,他从来不曾指挥一个连或任何较大的单位,不过在1835年到1839年之间,曾被派到土耳其充任军事顾问,使他有机会获得若干实际的战争经验。

当他从土耳其返回柏林时,其一生的最困苦阶段也就随之过去。他在任尉官时是穷得要命,但他却能安贫乐道,并专心于学问的研究。他早年对地理最有兴趣,以后又对历史作深入研究。他的学识基础和表达能力都随年龄的增长而加强。毛奇终于变成德国杰出作家之一,仅凭文章亦足以享誉千秋。

毛奇不曾变成一位政治家或具有创见的政治思想家。他是克劳塞维茨的信徒,深知军事与政治的相互关系,**但他本人却坚持职业军人不干涉政治的原则,并诚意地服从政治家的指导**。毛奇是一位非常谦恭的君子,虽然热心工作,但却淡于名利。他沉默寡言,与世无争。所以诚如史里芬(von Schlieffen)对他的赞扬:"极大的成就,极小的表现:质胜于文。"而这种作风由于他的以身作则,也终于变成了德国参谋本部的传统精神。

1855年,毛奇才有机会与未来的国王威廉一世接触。立即受到后者的赏识。当威廉一世于1857年出任摄政时,他第一件事就是派毛奇为参谋总长。不过在威廉一世正式即位之后,其眼前最重要的问题是安内重于攘外,而在军事方面,最重要的工作是政治性和技术性的改组,所以军政部长的地位显得远比参谋总长有势力。在1866年(普奥战争)以前,毛奇几乎还是一位不知名和坐冷板凳的人物。但毛奇并不以为侮,他从1857年到1866年,利用这

第九章　毛奇三不朽

种与世无争的机会,一心埋头从事于未来战争的准备,终于能够一鸣惊人。

毛奇突然变成第一号要人和闻名国际的英雄,似乎是很出人意料的,但事实上,却是实至名归,毫不足怪。普法战争(1870—1871)胜利之后,毛奇在军事史上的地位也就达到了最高点。此后,他还继续做了十八年参谋总长,在这个阶段中他的主要工作是替新成立的德意志帝国建立适当的军事基础。拟定未来的战争计划,加强参谋本部的组织和教育后辈。他到1888年才退休。再过三年到1891年逝世,享年九十一岁。

思 想 与 著 作

毛奇是一位博学多才的思想家,但很不幸,因为其在功业方面的成就太大,所以遂令一般人都忽视了其在学术方面的巨大贡献。毛奇对战争的研究是相当渊博而精深的,他是一位精力过人的奇士,读书极多,而且接触面极广,以一位学人而言,像他那样渊深的人都很少见,而在职业军人中则可谓空前。他对拿破仑的方法和克劳塞维茨的理论都有深入的研究,但又并非他们的盲从者,因为他随时都能通古今之变。

从拿破仑那里他学会了运动为战争的灵魂,所以铁路也就变成了其战略中的最重要因素。从克劳塞维茨那里他学会了政策与战略的密切相关,所以他对政治外交都深感兴趣,而从不采取所谓纯军事的观点。毛奇的思维非常特殊:一方面能作抽象的思考,另一方面又从不忽视现实。他具有惊人的分析和综合能力,在他一生当中,他经常保持下述的习惯:把他的问题逐条地写在纸上,对它们作精密的分析，并且一再地加以组合重写，直到他对答案感到满意时为止。

几乎所有的传统战略家无不重视对历史的研究，毛奇更是如此。他认为，只有对历史深入研究才能使未来的将领认清战争的复杂性。所以，在他的领导之下，军事史的研究成为普鲁士参谋本部的主要责任之一，此种研究是由参谋总长亲自指导，而不是委之于低级单位。毛奇相信只要所采取的观点正确，则历史研究对战略可有重大贡献，他本人的成就也似乎可以作为此种观念的证明。

除了重视历史研究以外，毛奇在思想方面还有另一大特点，那就是他对技术因素极为敏感，这在职业军人中可以说是非常少见。一般说来，凡是专业性的人员都往往有守旧的趋势，但毛奇却能够开风气之先。据说在日耳曼境内尚未修建铁路线之前，毛奇即已开始研究铁路问题。

毛奇认为铁路可以提供新的战略机会。利用铁路来运输部队，可以比拿破仑时代的行军速度快六倍，所以对于一切战略的基础——时间与空间——都应作新的计算，一个国家若有高度发达的铁路运输系统，则在战时将可获得重大——甚至于可能具有决定性的战略利益。军队动员和集中的速度已成战略计算中的必要因素。事实上，参谋本部的战略计划，就是以动员和集中的时间表为其核心。

除了铁路以外，毛奇又主张利用稠密的道路网来加速部队的运动，甚至于在1805年，拿破仑即曾尝试采取"分进合击"的战术，不过由于把行军队形改变成为战斗队形很花时间，所以必须在会战之前几天就要开始集中部队。但在1815年之后，随着工业革命的开展,欧洲道路情况有了巨大的改善,于是新战术也就有了较大的可能性。毛奇认为军事单位的体型愈大则机动性愈低,所以在运动时必须将其分散,并利用不同的道路,不过在会战时又必须集中。所以战略的要义就是分进合击,一方面分别前进,但另一方面又能在适当的时间和地点予以集中。

也许毛奇早就已经考虑在战场上集中兵力的可能,于是也就舍弃了拿破仑的"先集中后会战"原则。在沙多华(Sadowa)会战之后(普奥战争中的决定性会战),毛奇曾将他的观念综述如下:

> 假使在会战之日,兵力能从各点上分别直接进入战场,则甚至于还要更好。对于作战若能作这样的指导,则必能获得较佳的结果。不过,任何远见又都不能保证此种作战的成功,那多少是受到机会和命运的支配。不过,在战争中若不冒大险则又很难成大功。

这最后一句话又足以显示毛奇的战争哲学。作为克劳塞维茨的信徒,他深切了解**机会与天才两种因素在战争中的交相为用**。他固然也像克劳塞维茨一样,认为战争与商业颇为类似:兵力是投资,胜利则为利润,所以一切都应有精密合理的计算,但他又深知战争问题并非仅凭计算即可解决。毛奇虽主张指挥官对军事行动应有完全的决定权,但他又深知战争是政策的工具,也承认变化莫测的政治目标和环境,可能迫使军人随时准备改变战略。

虽然政策对战略的影响使军事领袖经常面对着一种不确定因

素,但毛奇又认为动员和最初的集中还是可以计算,因为那是在平时即可作充分准备的。他说:"军队原始集中时若犯错误,则在战役的全部过程中都很难改正。"所以平时即应作周密的考虑,以使部队对战争有适当准备,交通有适当组织。

但是,超过了这个阶段,战争也就变成了果敢与计算的结合。毛奇曾说:

> 当实际作战已经开始后,我方的意志不久就要遭遇到敌方的独立意志。诚然,假使我方有准备并决心采取主动,则可以限制敌人的意志;但除非凭借战术,换言之,也就是透过会战,否则仍不可能粉碎其意志。任何较大规模的会战都会带来巨大的物质和精神后果,而这也会造成一种新情况,并构成下一步新措施的基础。任何作战计划对超过第一次与敌方主力交手之后的情势,都不可能作精确的预测。所以指挥官在整个战役中,都将被迫根据不可预测的情况来作决定。在战争中的一切连续行动都并非预定计划的执行,而必然为随机应变的措施。因此,仅凭理论知识还不够,到此时,性格和心智的力量也就会表现无遗。

毛奇不认为战略是一种科学,有一定的原则可以遵循。他说:

> 战略是一种随机应变的系统,而不仅限于知识,它是知识对实际生活的应用。它是一种具有创造性的观念,随着不断改变的环境而发展。它是在最困难条件压迫之下的行动艺术。

因此，他非常重视指挥的组织。毛奇认为指挥必须统一，切忌一国三公的现象。战争不能用会议的方式来指导，参谋长只是指挥官的顾问。即便是恶劣的计划，如能彻底执行也还是胜于综合性的产品。在另一方面，即令是最好的计划也还是不能预测战争的摩擦，所以个别的战术决定必须在现场作成。毛奇认为对作战计划作刻板的执行，是一种不可饶恕的罪恶，对于有的指挥官，不分高低，都必须经常鼓励他们发挥主动精神。

毛奇认为上级对下级的命令是愈少愈好，愈简单愈好。换言之，统帅不应干扰战术性的安排。他甚至容许其部下擅自改变其作战计划，只要能获得重大的战术成功，即可将功折罪。他说："**只要战术能获胜利，则战略可以让步。**"

以上所述仅为毛奇军事思想中比较重要的部分，至于其他部分或细节则无法全部细述。毛奇著作的数量非常惊人，他虽然不像一般作者有完整的理论性著作。但他的思想散布在许多战史研究和备忘录中。他逝世之后，其遗稿曾由德国参谋本部编辑出版，前后共分两辑：前者为其文稿全集（*Gesammelte Schrifien und Denkwurdigkeiten*），分为八卷；后者为其军事著作（*Militarische Werke*），共为十三卷。真可以算是洋洋大观，但即令如此，据说还有若干稿件被遗漏不曾收入。

将 道 与 功 业

毛奇一生事业中最令人羡慕的是他在思想、计划、行动三方面都有杰出的成就——所以在古今战略家当中，他也许要算是最突出和最幸运的一位。自从1857年出任参谋总长以来，毛奇就一直在埋头作未来战争的准备,但他所考虑的问题并非以纯军事为限。他精通大战略,所以一切的计划和行动能与俾斯麦的政策相配合。

他在1860年曾对普奥战争的展望提出一项备忘录。英国的富勒将军认为那是代表逻辑推理的杰作。由于原文太长,在此只能简述其要点如下:

(一)普奥战争将影响所有欧洲国家。若某一方面能获相当成功,则将会结束日耳曼的现有分裂情况,并在欧洲中央建立一个统一国家,其权力和势力将优于其任何邻国,或至少与其相等。

(二)在大国之中,英国在欧陆上最需要强大的同盟国,而最能配合其利益者即为统一的德国,因为后者永远不可能要求制海权。不过英国也可能想维持旧秩序而反对欧洲的政治重划,于是它又可能与德国为敌。

(三)法国最不希望有一个人口七千万的德意志帝国出现。但就眼前而言,它却可能希望从这场战争获致最大的利益——兼并比利时、荷兰等地区。如果战争旷日持久,普鲁士主力被陷在战场中,则法国势力必会乘机而动。

(四)俄国为了想夺取君士坦丁堡,可能帮助普鲁士,但此种援助又有二害:一是太慢;二是太强。太慢将赶不上时机,太强将产生喧宾夺主的后果,反而使俄国坐享其成。

所以毛奇的结论是必须完全不赖外援,速战速决,并使欧洲秩序不受重大破坏,然后胜乃可全。他的这种战略思考代表高度的智慧,与俾斯麦的外交运用也配合得恰到好处,所以普鲁士的确是"胜兵先胜而后求战"。

1864年对丹麦的战争只能算是牛刀小试,因为仅凭数量也都足以决定胜负。但毛奇却利用这次机会发现了奥军的两大弱点:

(1) 其参谋本部能力极差;(2) 其步兵所用的还是旧式的前膛枪。关于后者,又可以证明毛奇对技术和战术的问题有其超时代的了解。

1866 年的普奥战争,对毛奇的将道才是第一次真正的考验,而且也是其毕生事业中的最大考验。当时的奥军被誉为欧洲最佳陆军之一,其兵员是服役七年的老兵,骑兵受过高度训练。双方兵力大致相等,而毛奇所要克服的地理和政治问题远较困难,但他仍能在六个星期之内赢得决定性胜利。

最初,威廉一世不想开战,尽管俾斯麦终于还是把他推入了战争。在这个阶段战略问题变得非常微妙,实际上,普军的动员是远在奥军之后。毛奇一方面支持俾斯麦,力劝国王早下决心,另一方面又能尽量使政治问题不受军事措施的干扰——这与其宝贝侄儿小毛奇恰好成一强烈对比,小毛奇在 1914 年曾报告威廉二世说,参谋本部的战略计划不能修改,于是也就剥夺了政府的行动自由。

关于普奥战争的详情无法细述,不过毛奇之所以能大获全胜,主因不外下述两点:

(一)毛奇利用近代交通工具,提高军队的行动速度,所以能后人发而先人至,换言之,他证明了时间可以征服空间,并粉碎"内线"的神话。

(二)普军后膛枪的火力产生了极大的杀伤力,使奥军士气为之崩溃。在沙多华会战时,虽然奥军享有三比二的优势,而且大致还是采取防御态势,但其死伤数字反为普军的一倍。

关于这两点,毛奇本人曾有精辟的论断:

> 仅当保有足够的空间时,才可以说内线具有毫无疑问的

优点,如果空间已经缩小,则内线不特不能收各个击破之效,反而会受到包围,于是战略之利将变成战术之害。

不过这又并非表示毛奇绝对赞成外线而反对内线,实际上,他在普法战争中对于两种观念都曾作成功的运用。毛奇战略的特点就是有充分的弹性,合于"兵形象水"的原理。

根据普奥战争的经验,他在1869年所颁发的《对大单位指挥官的指示》中曾经说明,由于后膛枪可以卧倒发射,遂使防御者占尽地利,所以即令为政治或军事理由而必须发动攻击,也还是应该先尽量利用防御来消耗敌人。他又确信正面攻击殊少成功机会,而只会造成重大损失,所以必须采取迂回的方式。

普法战争虽然时间较长,规模较大,但对于毛奇的战略来说,与普奥战争的情形并无太多的差异,所以不拟再加以评述。不过对于这两次战争又有一项争论值得提出,那就是毛奇的指挥方式。有人认为毛奇简直没有指挥而是听任其部下各自为战,有人认为毛奇当时的处境是特殊而困难,所以不得不如此。有人认为他利用参谋本部系统来控制全局是一种非常高明的手段,但也有人认为他使指挥官的权柄被削弱,并造成一种恶例,1914年的韩迟事件[①]就是其后果。这些议论可以说是见仁见智,而且也都言之成理。

不过从毛奇的著作中去寻求证据,可以发现他非常重视指挥官的才能,而参谋本部系统则只被视为一种辅助工具。至于实际

---

① 有关"韩迟事件"的详细内容,可参见钮先钟:《历史与战略》(上海:文汇出版社,2019),pp.316—321。——编者注

情形与理论发生差异,那也是事理之常,似乎不应因此而有所苛责。反而言之,德意志参谋本部的创立固然应归功于沙恩霍斯特和赖希劳,但使此种制度发扬光大,并成为全世界楷模者又还是毛奇。到今天,世界各国只要有参谋本部制度存在,则无不奉毛奇为大宗师。仅凭这一点,他也就取得了历史上的不朽地位。

第十章
史里芬与计划

引言　　　计划与思想
其人其事　结论
时代背景

引　言

　　战略是一种思想,一种计划,一种行动。也可以说战略是始于思想,而终于行动,在思想与行动之间构成联系者则为计划。所以,凡是在战略思想、战略计划、战略行动三方面的任一方面能有相当成就或贡献的人,就都可以算是"战略家"(Strategist)。但若欲取得一代大师的地位,则其成就也就必须非常卓越,其贡献必须非常巨大,像这样的"兵学大师"在古今中外的历史中也都不多见,真正可以说是屈指可数。

　　概括地说,在古代是立功重于立言,从古代流传下来的名著已经非常稀少,而且往往残缺不全,但名将的功业还是有相当完整记录的。到了近代,立言却似乎重于立功,而且二者之间也有日益分离的趋势,于是才有专业化的战略思想家出现。

　　在我们今天所公认的"大师"之中,一部分是历史上的名将,例如亚历山大、拿破仑,一部分则凭其著作以流芳百世,例如孙子和克劳塞维茨。换言之,或是以思想见长,或是以行动出众。但很奇怪,夹在思想与行动之间的"计划"领域,似乎变成了真空地带。从古到今,由于在计划方面有特殊成就而跻身一代宗师之列的战略家几乎没有,也许惟一的例外即为19世纪后期德国的参谋总长史里芬元帅(Alfred von Schlieffen)。

　　一说到史里芬,我们马上就会联想到"史里芬计划"

(Schlieffen Plan),甚至于也可以说,假使当年没有所谓史里芬计划的存在,则时至今日,可能已经很少有人还会记得有史里芬其人了。所以史里芬不仅是在计划领域中唯一杰出的战略家,而且他的个人与他的计划也根本已经不可分。

作者从前文介绍克劳塞维茨的《战争论》时曾经指出知道克劳塞维茨及其《战争论》的人非常多,但认真读过《战争论》的人却并不多。若是把史里芬计划与《战争论》相比较,相形之下,更令人感到惊讶。在20世纪的上半段,经过五十年的时间和两次世界大战,史里芬计划在军事思想史中一直都还是像一个神秘的谜语。尽管史里芬计划对于研究战略和战史的人可以说无人不知,但其真正的内容却几乎很少有人知道,尤其是能够读过全文的人更是少之又少。

所谓史里芬计划这一整套文件的全文,包括史里芬本人的手稿在内,一直都被视为密件,存在德国政府的波茨坦档案室中,所以外人根本无法得见庐山真面目。直到1945年,德国由于战败而被联军占领(第一次大战后德国并未被占领),于是这些档案才被当做战利品而运往华盛顿,在那里与许多其他的文件都被封存在美国国家档案室中,根本无人加以理会——事实上,那些被俘获的文件真可以说是汗牛充栋,所以一时也无法整理。直到1953年,才有一位西德的历史学家李特尔(Gerhard Hitter)教授发现了史里芬计划的行踪,经过一番交涉,终于在1956年,美国政府遂又原封未动地将这些文件退还德国。于是李特尔也就变成了第一位真正研读过史里芬计划全部文件的当代史学家,他根据其整理的结果,于1957年编成一书出版,书名即为《史里芬计划》,次年(1958年)又有英文译本分别在美英两国出版,并由李德·哈特为之作序。此书对于军事史的研究实为重大贡献,许多旧有的传说、疑问、误解都因此而获得澄清,也可以说是在战略研究领域中了结了一场重大的公案。

尽管如此,旧的争论虽因此而获得解决,但对于史里芬计划的研究而言,由于此书的出版和原文的公开,遂又进入了一个新的阶段。因为有新的资料来作为基础,所以也就有许多新的意见出现。许多年来,以史里芬及其计划为专题的论文在国外的期刊上是屡见不鲜,这也可以暗示其对近代西方战略思想所具有的影响力是不容低估的。作者本人也曾凑热闹,写过一篇名为《史里芬计划的教训》(The Lessons of the Schlieffen Plan)的论文,刊载在1967年10月号的《美国军事评论》(Military Review)杂志上。

史里芬及其著名的计划,毫无疑问早已成为历史中的陈迹。今天在20世纪已经结束21世纪来临之际,是否还有任何实际价值还值得研究呢? 照作者个人的看法,史里芬计划还是一个值得深入分析的主题,此种分析不仅具有纯学术性的价值,而且对当前的问题也还是可以提供若干有意义的启示。

其 人 其 事

计划和著作一样,同为思想的实体代表,而思想则发源于人的心灵。所以在研究史里芬计划时,首先所需要了解的即为史里芬其人其事,也就是其思想的根源。史里芬伯爵(1833—1913)出生于贵族之家。他的个性、体格和智慧都似乎像学者而不像将军,高度的近视几乎使他无法成为职业军人,不过自从在1861年以名列前茅的成绩毕业于战争学院之后,就已经受到其上级的注意,并被暗中预定为未来参谋总长的候选人。

史里芬和老毛奇在一生事业上有两点不同：（一）毛奇是经过艰苦的奋斗才出头的，而史里芬却是一帆风顺；（二）毛奇在出任参谋总长之前毫无战争经验，史里芬曾经参加普奥战争和普法战争，所以他在出任高职之前，对战争和部队实际生活曾有相当的接触。从1883年起至1906年退休时为止，史里芬在这二十四年当中不曾离开参谋本部，首先是在老毛奇之下充任厅处长的职务，当瓦德西继毛奇任参谋总长时，他也就成为瓦德西的副手，到1891年他又接替了瓦德西的位置。

史里芬虽然是和毛奇具有同样的传统，而且在许多外表上也很相似，但在内心深处，史里芬却是一个独来独往的人。不仅是在他自己的那个时代中，而且在整个日耳曼战略学派的主流中，史里芬都是一个非常突出的、奇怪的、孤立的人物。

其思想的根源，除了日耳曼的军事思想传统以外，另有一项更强烈的因素，那就是宗教。他在幼年时曾生活在修道院中，接受天主教的熏陶，这对日耳曼军人而言，实在是一种很特殊的思想背景。史里芬三十五岁才和其所热爱的表妹结婚，四年后又丧偶，这对他是一种极大的刺激。从此以后，他似乎就已经不再有人性，也可以说已经变成了一个"超人"，或者是一个工作机器。除了工作以外，他对什么都不再感兴趣，每天通常都是上午六时开始工作，直到午夜才停止。

自从普法战争之后，德国参谋本部的地位已经逐渐升高到无人敢向其挑战的程度。作为参谋总长，史里芬是位尊望重，他可以集中全力来研究军事战略问题，而不必考虑任何政治牵制。专业化本是19世纪的一种特征，而德国参谋本部对于此种趋势更表现

第十章　史里芬与计划

得极为明显,所以史里芬所注意的都是纯粹的军事问题,他的战略观念也就是仅以"作战"为限,他几乎从未考虑战争的政治面。

1906年史里芬七十三岁时,德皇威廉二世将其免职而让小毛奇做了他的继承者。史里芬虽已被迫退休,但实际上却仍然退而不休。在其残余的岁月中,他还是以私人的身份继续从事于战略计划的工作,并且不断将其研究的心得提供后任参考,但令人感到遗憾的是其后辈的反应相当冷淡。

史里芬死于1913年,也正是第一次世界大战的前夕。据说这位老元帅在弥留时还叮嘱说:"不要忘记了尽量增强右翼!"这也就是其伟大计划的核心观念。史里芬一生不曾指导过战争,其在军事史中的地位是用平时的努力来获得的。至于他能否算是一位"名将",则颇难断言。他深通执简驭繁之道,细事不干其虑。他的态度虽然冷漠,但公正严明,能以身作则,所以其部下对他都很敬佩并乐为效命。不过,尽管他具有这些适合于充任最高统帅的素质,不幸的却是他的将道始终没有机会接受实战的考验。

时 代 背 景

当1891年史里芬接任参谋总长时,德国由于在俾斯麦下台之后外交方面一错再错,遂使战略形势日益恶化。1893年法俄两国之间的军事同盟终于正式成立,这也就注定了今后德国必然腹背受敌,也使史里芬在处境上变得和老毛奇大不相同。老毛奇之所以能三战三胜,固然应归功于他的军事天才,但由于他每一次战役中都享有显著的数量优势,所以也就赢得相当轻松。他可以容许其部将各自为战,甚至于当情况暂时逆转时他也还是毫无所惧,因为他知道从长期的观点来看,他一定能够反败为胜,转危为安。专就这一点而言,克劳塞维茨认为数量优势为战争第一原则的理论,可以说是已获得充分的证明。

在老毛奇的时代,由于俾斯麦的外交手段高明,所以每当普鲁士发动战争时,敌国总是被迫居于孤立无援的地位,这也正是普军之所以能享有数量优势的主因。威廉二世少不更事,一手把俾斯麦建立起来的外交架构完全拆毁,于是到了史里芬的时代,孤立的是德国而不再是其敌人了。面对法俄同盟(以后还再加了英国),史里芬必须承认即令作非常的努力,最多也只能达到和敌人勉强平等的地位,就正常的情况来说,他必须准备以寡击众。此一事实即为其计划和作为的主要限制,他除非认输,否则就一定要在这种限制之内去想办法。

在这样的情况下,史里芬遂认为兵力较弱的方面一定要争取主动,制敌机先。既不能采取克劳塞维茨的观念,故意放弃主动以便利用防御所提供的天然利益,也不能学习老毛奇的办法,容许敌人先行动,等待他犯错误时,再乘机予以打击。史里芬的基本思想是弱者必须攻击,而且更需要掌握主动。

从第一眼看来,这似乎是一种不通之论。但是史里芬却自有他的一套想法,而这种想法也未尝不合理,而且也至少有一部分还是导源于克劳塞维茨的思想。克劳塞维茨曾认为全面的优势固然重要,但更重要的还是在决定点上的优势,而且即令缺乏全面优势,若能在决定点上获得暂时的局部优势,则仍然能获得速战速决的胜利。这一段话实际上也就是史里芬计划的基本解释。

然则如何能获得暂时的局部优势?所谓决定点又是在何处?史里芬对这两个问题都有其独特的看法:

第十章　史里芬与计划

（一）史里芬认为必须敢于冒险，换言之，若把兵力集中在决定点上，则其他各点上的兵力必须尽量予以减弱，即令受到暂时的挫败亦在所不惜。

（二）所谓决定点者就是敌军的侧翼。他说："假使实力太弱不能攻击对方的全部，就应攻击其某一部分；敌方较弱的部分往往即为其侧翼，所以我们也应攻击其侧翼。"

关于第二点，他的思想与克劳塞维茨不尽相同，后者并不特别提倡侧面包围的战略。

简言之，史里芬是认为内线加包围的战略即可能使劣势的德军获得一次胜利。在东线他只准备留下极少量的兵力，他不赞成老毛奇把兵力平分为二的观念。他引述腓特烈大帝的名言："宁可丧失一省，而不可分散必须用于求胜的兵力。"他也不赞成东攻西守的观念，认为那样"不可能获致决定性会战或俄军的毁灭，而只是一系列的正面战斗"。在西线方面，他准备把攻击重点放在右翼方面，并且引述"坎尼"（Cannae）会战的史例以作为其战略思想的基础。

他受过宗教熏陶和具有高度唯心主义倾向的心灵产生了一种微妙作用，使他对"坎尼"真是悠然神往，照他看来，古今名将莫不以"坎尼"为其战略模范，简言之，他已经变成了一个"坎尼狂"了。史里芬曾经花费很多时间去研究战史，而其巨著《坎尼研究》也应算是一代名著，但严格说来，他不能算是一位纯正的史学家，因为他的目的不是想作客观的研究，而是企图利用史例来证明本身观点的正确。史里芬对历史的解释有过分简化的倾向，甚至于有时不免歪曲事实。诚如薄弗尔将军所批评的，在坎尼所迂回的距离只有几百码，而在史里芬计划中的距离则为几百英里，此种批评可谓一针见血。

计 划 与 思 想

所谓史里芬计划是一个意义相当含混的名词。史里芬任参谋总长达十六年之久,在这个阶段,主要任务即为计划作为,其所拟的计划也不止一个,就逻辑而言,在这个阶段之内的一切计划都可以称之为史里芬计划,但是其性质和内容前后又常有不同,所谓史里芬计划究竟是指何者而言?

其次,这里所谓计划者,其所采取的形式也很特殊,并不像一般制式化的作战计划,原有的名称为"备忘录"(Memorandum),内容很像当前未来学家所做的"剧情排演"(Scenario),即对未来的战争发展作一种假想的描述;这样的备忘录非常多,而每一份又可以有多次的草稿,有些是出自史里芬本人的手笔,有些是经过其亲自的修改或校正。在李特尔的书中对这些细节有详细的考据,读者如有兴趣可以参阅原著。

史里芬在1891年就任参谋总长之后,不久即发表其第一号备忘录,在其中他提出疑问:"是否法国的边境要塞足以构成重大障碍而使西线的攻势变为不可能?"他的答案是:"可以假道比利时来加以迂回。"这也就是史里芬计划的起点。由此可以显示,他是完全从军事观点来考虑战略问题的,对破坏比利时中立的政治问题从未注意。

1892年,史里芬又提出其第二号备忘录,确认在两面战争中,较大的威胁还是法国。德国必须先击败较危险的敌人,所以应在西线上速战速决。不过甚至于在1892年之后,史里芬也还是不曾作成其最后的决定,他还继续在他与毛奇之间寻求折中的解决,直

第十章 史里芬与计划

到1894年,他才提出一项新的第三号备忘录,确定了东守西攻的基本原则。

所谓史里芬计划的立案重点大致都已经包括在第三号备忘录之内,以后虽然有多次的备忘录提出,但根本上并无太多改变,只不过是对原案的修正和扩大而已。在第二号备忘录中,史里芬指出:"要想赢得胜利则在接触点上必须较强,所以惟一希望为对行动能自由选择而决不可消极待敌。"简言之,主动即为"胜利之钥"。尤其令人惊异的是他曾作下述的预言:假使两线成为僵局,而东线又旷日持久,则结果将使英国变成欧洲的仲裁者。

从1894年到1905年,史里芬的基本观念遂不再改变,但是对于所应采取的攻击方式,仍继续作各种不同的考虑,所以其伟大计划是逐步完成的,而非一朝一夕之功。世人所称的"史里芬计划",是指这位老元帅在其参谋总长任内所提出的最后一个备忘录而言。那可以算是他的遗嘱,完成于1905年12月,并于次年2月由他亲手郑重地移交给他的后任小毛奇。但事实上,这又并非史里芬的最后贡献,他在退休之后仍继续探讨和修正其计划,直到1912年为止——这些文件也都已收入波茨坦的档案室中。

史里芬是计划通过比利时中部作一大迂回行动,其兵力的右端将在里尔(Lille)附近进入法国,迫使法军向东南退却,而德军则打击其侧面和背面,将其全部歼灭。全部的作战计划是像火车时间表一样精密,估计从动员后第十七天开始行动,到第三十六天至第四十天之间结束全部战役。

史里芬计划(指最后的官方文件而言)一直被人视为德国参谋本部的不朽杰作。任何读者都应能欣赏其观念的雄伟和精神的勇敢。同时对战术细节也都考虑周详,就其全体而言,的确是专业性计划中的杰作。但就战略思想来说,史里芬却无任何特殊的创见,他代表的不过是传统战略思想的延续而已。不过**史里芬还是做了一件前无古人的事,那就是他曾对一个未来的战役(包括一个决定性会战在内)事先拟定一套完整的计划。**

拿破仑曾经夸口说,他能够预料全部战役从头到尾的过程,但他究竟不曾拟定一套完整的计划。至于老毛奇则认为:"任何作战计划对超过第一次与敌方主力交手之后的情势,都不可能作精确的预测,只有外行才相信能事先对战役的全部过程作详细计划,并能坚持原始的观念到底而不作任何改变。"很有讽刺意味,史里芬所坚持的正是这种"外行"的想法。

史里芬这样的计划作为不仅是空前,而且也几乎绝后。因为到1940年,纳粹德国陆军参谋本部对法兰西战役的计划作为也还是恪遵老毛奇的遗训,只做到与敌军主力第一次接触时为止。如果当时采取史里芬的观念,对战役的整个过程事先均严密规定,则敦刻尔克的英军也许就不会漏网了(见曼斯坦因回忆录《失去的胜利》)。

但老毛奇也曾指出指挥官的眼光必须越过第一次接触而固定在最后目标之上,所以其基本观念与史里芬并无区别,不同的只是计划的形式而已。毛奇的计划具有充分的弹性,容许在执行时作相当的调整,史里芬的计划则要求极高度的硬性。在其想象中,德军通过比利时的前进应像"营教练"一样准确,所以他特别重视参谋军官的训练,因为若无一个完整的参谋网,则其计划也就无法执行,但很有讽刺意味的是,他的计划(变质后的)又终于毁在一位参谋本部军官(韩池中校)的手里。

第十章 史里芬与计划

结　　论

史里芬做了一生的计划,但他却没有付诸执行的机会。到了他的后任手中,不仅是原有的计划被修改得体无完肤,而且在执行时更是错误百出,所以1914年的这一笔账只能记在小毛奇的身上,而与史里芬毫无关系,不过至少有一个问题可以提出:"在正常的条件之下,史里芬计划能否有合理的成功机会?"

李德·哈特认为这个计划在拿破仑的时代可能有成功的希望,在下一个时代(即指第二次世界大战时而言)也同样可能,但在史里芬的时代(20世纪初期),机会却不大。薄弗尔的看法也和李德·哈特大致相同。其理由实在很简单:德军在采取迂回行动时只能徒步行军,而法军却可以利用铁路在战线的后方调动兵力,所以在决定点上,德国自然也就很难确保数量上的优势。

不过,什么叫作"正常的条件",又颇有辩论之余地。严格地说来,在古今中外的历史上,几乎从来没有一个战争是在"正常"条件之下进行的。正因为如此,所以将道(也就是传统意识的战略)才有发挥其作用的机会。诚如富勒将军所云:"**当将道发展到其最高形式时,所表现的即为意志与智慧的结合,而不仅是一种单纯的计算问题。**"

史里芬从不缺乏意志,而对自己的将道更是深具信心,他认为:"所有各军团司令都必须完全了解最高指挥官的计划,只应有一个思想贯彻于全军之中。"换言之,对于他来说,人力与武器是远不如战略和将道那样重要。同时他更需要一个适当的指挥体系来帮助他贯彻其意志。

史里芬对这一点曾作过非常有趣味的描述,也可以证明其头脑实在是超时代:"近代的总司令并非立马高岗上的拿破仑,即令用最佳的望远镜他也看不了多远,而他的白马则恰好变成敌炮的良好目标。总司令是位于遥远后方的总部中,那里有电报、电话和其他各种通信工具,整队的汽车和机车都随时待命准备作最长途的旅行。面对着大桌子,坐在安乐椅上,近代的亚历山大从地图上俯瞰整个战场。他在那里用电话发出他的指示,并接受各军团司令和军长以及气球和飞艇的报告,后者监视敌军的运动和发现其位置。"

由此又可以看出史里芬对技术的重视。他希望而且确信近代技术有助于其计划的成功。他最重视的是机关枪和速射炮。他说:"利用此种新火力即可守住正面,好让大量兵力指向敌军的侧面和后方。"他曾经主张增强步兵火力,创立机动重炮,改进铁路运输,发展通信体系和航空兵力,并成立一个独立的骑兵军供战略搜索之用(相当于装甲军)。但是他的这些新观念都受到保守分子(普鲁士陆军中的大多数)的反对,所以成就非常有限——尤其是这些建议大部分都是在其退休之后才提出的。

基于以上的分析,可以暗示在那个时代的"正常"情况之下,如果作战是由史里芬本人指挥,而其理想中的准备都能完成,则史里芬计划仍然大有成功的希望。

最后诚如史里芬自云:"一个完全的'坎尼'会战在历史中很少见。要想达到这个目的,则一方面需要一位汉尼拔,另一方面需要一位法罗。"在1914年,小毛奇固然不是汉尼拔,但霞飞的头脑硬化却可比法罗,所以假使当时德军是由史里芬指挥(他自然足以汉尼拔自命),则一个近代的"坎尼"在历史上重演也并非不可能。

第十一章
马汉：著作与思想

引言　　　　海权六要素
马汉的生平　海军战略思想
海权与历史　结论：马汉的影响

引　言

1985年是马汉（Alfred Thayer Mahan）到美国海军战争学院任教的一百周年纪念。该院海洋史教授哈顿多夫（John B. Hattendorf）特将马汉一生著作编成一本完整的书目：*A Bibliography of the Works of Alfred Thayer Mahan*，以表追思。该书已在1986年由美国海军战争学院出版。马汉是一代大师，其著作之多令人惊讶，该书把他的著作分为七大类：

（一）专书；

（二）对他人著作的贡献，政府文件；

（三）由他人所搜集和编辑的马汉著作；

（四）对杂志的投稿；

（五）对报纸的投稿；

（六）翻译他人之作；

（七）小册。

其著作之多，真可谓洋洋大观，其中有许多都是我们所不知道的。因此，这本书目对于研究海权思想和海洋战略的人来说极具参考价值。

作者在看了这本书目之后也有很多感想。第一，人们对马汉也正像对克劳塞维茨一样，知道其名的人很多，但真正读过他的大作并了解其思想的人却不多。第二，克劳塞维茨传世之作《战争论》(On War)国内有译本,马汉的最主要著作《海权对历史的影响,1660—1783》(The Influence of Sea Power Upon History, 1660 – 1783),国内直到 21 世纪初始有翻译,尽管全世界早已有多种不同文字的译本。第三,晚清时代,我国有识之士(以魏源为代表)即已知道重视海洋,但很不幸,诚如马汉批评法国人时所说的话,由于政策背海向陆之故,国势遂终于一蹶不振。

假使说 21 世纪是太平洋世纪,也是中国人的世纪,则我们在民族思想上必须要做一个重大的调整,那就是应面向海洋,向海洋求发展。因此,对马汉的著作和思想,在今天还是值得向国人介绍。他的书虽然已成为经典,但其中的智慧并不因为时代的改变而丧失其价值。

马汉的生平

本章拟对马汉的主要著作和思想作一简介,但在进入主题之前,仍需对马汉及其一生的遭遇先略作描述。因为言为心声,必须先认识作者,然后才能了解他的作品。

1840 年 9 月 27 日,马汉出生于西点,他的父亲丹尼斯·马汉(Dennis Hart Mahan)是西点军校的教授,南北战争时的许多将军都出自其门下,他在战略、战史等方面的造诣都很深,但由于儿子太负盛名,所以父亲反而变得默默无闻。马汉在思想上并未受到其父的影响,因为他从十二岁即离开家庭,负笈他乡。他进入海军官校也违背了他父亲的愿望。

1859 年,他以第二名的成绩毕业于海军官校。两年后南北战争爆发,他虽投入战争,但并无杰出表现。中间曾短暂回母校任教,因此与当时任校长的鲁斯(Stephen B. Luce)认识,这件事对他的终身事业有极大的影响。内战结束时,马汉二十六岁已官至少校。以后二十年他仍继续服役,并终于升到中校。

1884年鲁斯(代将)奉命筹办美国海军战争学院,遂邀请马汉到该院任教,他欣然接受。他获聘的主要原因是他在1883年出版了一本小书,书名为《海湾与内陆水域》(*The Gulf and Inland Waters*),那是一套名为"内战中的海军"(*The Navy In the Civil War*)丛书中的第三卷。这本书到今天可能已经无人重视,但它却使马汉一举成名。

马汉于1885年10月16日才奉命到新港(Newport)报到,四天后到院谒见院长鲁斯。鲁斯把他替马汉安排的工作计划告诉他,就是要他写一本书,说明国家权力与海军行动之间的关系,俾为理论性的了解奠定基础。马汉在新港只停留了一天就回到纽约,然后埋头进行研究。

1886年8月,马汉才重返新港,此时他已升任上校,并奉派接替鲁斯的院长职务,同时仍兼任海军史和战略讲师。这是其一生事业的转折点,马汉从此平步青云,终于成为世界公认的"海权先知者"。在开学那一天,已经调任舰队司令的前院长鲁斯向新班同学致辞时曾经这样说:"**让我们有信心地期待伟大的心灵出现,他将能为海军科学奠定基础,正像约米尼之于陆军科学一样。**"十二年后,当鲁斯出版其言论集时,他在旧日原稿上加了一句:"他就是美国海军上校马汉。"

美国海军战争学院(简称海院)是世界上的第一所海军战争学院,其最初的院址设在一座破旧的救济院中,设备非常简陋,第一班只有学员八人(上尉),第二年才增为二十人,马汉接任院长之后,不仅亲自讲课,而且还要处理行政事务,非常忙碌。在海军中有许多人反对设立这样的学院，所以在最初阶段，马汉和他的学院都不断受到批评和攻击。

1890年，《海权对历史的影响，1660—1783》出版，固然使马汉声名大噪，但也引起很多批评、有人说海军军官著书是不务正业，有人认为马汉的重视历史是思想反动，不切实际。马汉也反驳说：**"经由历史的研究，可以建立战争的原则和最佳方法，对于一位海军军官而言，再没有其他的事情比它更切实际。"**

无论如何，马汉的地位总算已经巩固，他曾两度出任海院院长，当他不在的时候，他的讲义还是由人替他向新班宣读。不过，他在国外所受到的推崇，又远过于国内，尤其是在英国。他不仅受到女王和首相的款待，牛津和剑桥大学颁赠他荣誉学位，而《泰晤士报》更称他为"新哥白尼"（New Copernicus）。德皇威廉二世更是马汉的崇拜者，他曾经这样说过：**"我现在正在存食（devouring）马汉的书，而不仅只是阅读（reading）而已，我正在尝试用心学习它。那是一本第一流的著作，而且在各方面都是经典。在我的军舰上都有这本书，而且经常为我的舰长和军官们所引述。"**

马汉在1889年退役，此后即专心著作。他真是一位多产作家，一共写了二十本书和一百三十七篇专文，后者之中又有一部分再编辑成书出版。在退休之后，他也曾间断地替政府服务，充任顾问等职，不过，那都无太多重要性，他的最大贡献还是在学术领域。

1906年，美国国会通过法案，把所有曾在内战时服役的海军退役上校都升为少将（备役），马汉虽然接受了这份荣誉，但在著作上署名时，仍保留其"上校"头衔。1914年第一次世界大战爆发时，他已经七十四岁，他立即动笔替英国人说话。哪知道当时的美国总统威尔逊以严守中立为理由，下令禁止美国军官对战争作任

第十一章 马汉：著作与思想

何评论，尽管马汉是世界上最权威的海军史学家和战略家也不例外。他抗议无效后非常愤怒，两个月后，即1914年12月1日，遂因心脏病逝世于华盛顿的海军医院。

海权与历史

就意识形态而言，马汉是史学家的气质重于海权思想家。作为一位史学家，其不朽的声誉主要是建立在两本书上：《海权对历史的影响，1660—1783》和《海权对法国革命和帝国的影响，1793—1812》(*The Influence of Sea Power Upon the French Revolution and Empire*, *1793-1812*)。这两本书分别出版于1890年和1892年，加起来厚达一千三百页以上，主要内容都是英国海军史。以重要海战的叙述为主体，然后再分析政治、经济、军事等方面的后果。这两本书的原稿都是马汉在海院中所用的讲义，但可明显看出，马汉一开始就准备将其当做专书出版。

用历史来教育海军军官，这个原始观念又还是出于鲁斯(第一任院长)。他在聘请马汉之前的一年(1883年)，曾在美国《海军学会月刊》(*Naval Institute Procedings*)上以《战争教育》(*War Schools*)为题发表专论，主张应引导海军军官"**对海军史作一种哲学(思想)研究，使其能用专业批评的冷静眼光，探讨全世界的大海战，并认清在何处已经应用科学的原则，以及在何处由于忽视战争艺术的规律而导致失败和灾难**"。

以后，在海院开学时，鲁斯又曾致辞主张使用"比较法"(comparative method)。他的意思就是应该在陆战与海战、陆军"科学"与海军"科学"、过去与现在之间作对比研究。简言之，他认为历史应能提供基本原理(则)形式的教训。

马汉既同意应聘,也就表示他完全接受鲁斯的见解。事实上,他早已读过不少的历史著作,最重要的一本书,就是蒙森(Theodor Mommsen)所著的《罗马史》(*The History of Rome*)。以后马汉在其自传《从风帆到蒸汽》(*From Sail to Steam*)中曾追述其当时所获得的感想:"它使我突然想到……假使汉尼拔经由海上入侵意大利……又或在到达意大利后,仍能经由水路与迦太基交通,则结果将会是如何不同。"于是他发现这就是帝国兴亡的线索,换言之,就是能否控制海洋。几经思考之后,马汉又说:"海洋的控制是一个从来不曾受到有系统的研究和解释的历史因素。"

马汉虽曾博览群书,但他又回忆说,他的主要灵感并非出自这些来源,而是发自其本身的内在意识。马汉在其第一本主要著作《海权对历史的影响,1660—1783》的导言中曾说明其目的为研究"海权对历史过程和国家兴衰所产生的效果"。他以后又指出:"此种思想一经建立之后,也就成为尔后二十年间一切著作的核心。"

马汉极端强调"海权"(sea power),但不幸,他对这个名词并未作任何明确的界定。在他的著作中,这个名词往往呈现出两种不同的意义:(1)经由海军优势获得的制海权(command of the sea);(2)生产、航运、殖民地和市场,总称之为海权。当然,这两种观念是互相重叠,所以也难免混淆。

马汉的两本主要著作都只有一个主题,即说明英国的海洋优势实为海权运用的最佳例证。他根据史实分析,认为从1688年起到拿破仑失败的每一个阶段,海军优势所产生的制海权,往往足以决定胜负。

就军事和经济的意识而言,海权的最后胜利即为拿破仑的失败。马汉的结论为:"并未企图在陆上采取大规模军事行动,而仅凭控制海洋和欧洲以外的世界,英国政治家终于能确保其国家的胜利。"

后世史学家对此种分析常有微词,主要理由是认为它未免过分简化。第一,马汉并未考虑在历史过程中还有若干非海洋性帝国的兴起。第二,海权因素固然重要,但导致拿破仑失败的还有许多其他因素,而马汉一概不予重视。诚如费希尔(David H. Fischer)所指出的,马汉是把一个"必要"(necessary)的理由视为"充分"(sufficient)的理由。马汉之所以会犯这样的错误,那也正是其治学方法的直接后果,因为其原始观念是出自内心,所以,也就很容易变成先有结论然后再来找证据。

海 权 六 要 素

马汉的书虽然是以叙述为主,但其《海权对历史的影响,1660—1783》的第一章却又毫无疑问地提出了一套完整的理论架构,那就是所谓"海权要素"(Elements of Sea Power)。马汉根据历史研究发现有六项影响海权的一般条件,并且认为是具有普遍性而且不受时代影响的。这六项要素分别为:

(一) 地理位置(geographical position);

(二) 自然结构(physical conformation);

(三) 领土大小(extent of territory);

(四) 人口数量(number of population);

(五) 民族性(national character);

(六) 政府的性质与政策(character and policy of govemments)。

这一套架构也许要算是马汉对海权理论的最大贡献,一直流传到今天仍然有其价值,最多只是在解释上需要略加修正而已。

地理位置对海权的影响及需要,英国是最佳例证。不列颠群岛与欧陆的距离是不远不近,既能使英国对外敌的入侵获得相当的安全保障,又便于它打击敌人。以其本国为基地,英国舰队可以集中兵力,同时用于防御和封锁欧陆,英国毋需维持大陆军,极大地节约了财政。英国也可以控制欧洲北部的海运,并便于与其海外领土维持交通。反而言之,法国则缺乏这些优点,所以,在海权竞赛中,自然不是英国的对手。

自然地理结构大致可决定一个民族寻求和获致海权的机会。海岸线形状决定向海洋发展的难易程度,良好的港湾代表一种重要潜力。土壤的肥沃与否或使人民安土重迁,或使人民不得不讨海为生。前者例如法国,后者例如荷兰。岛国或半岛国家若欲富强,必须重视海权的发展。对于任何有海岸线的国家,海权均为其国家权力的一个必要部分。

领土大小必须与人口、资源等因素相配合,否则广大的领土有时反而形成弱点。假使大片领土为河川或港口所割裂,则更是一种较大的弱点。马汉以内战时的南方为例,指出以人口和资源的比例而言,其面积太大,尤其是海岸线太长和内陆水道太多。

一个想向海洋发展的国家不仅应有相当数量的人口,而其中直接或间接参加海洋活动的人数也应占相当大的比例。国家的平时航海事业(包括航业、渔业、贸易、造船工业等)足以决定其海军在战时的持久力。英国为标准典型,不仅是一个航海国家,而且也是造船和贸易大国,所以拥有发展海权的人力基础。

民族性中最重要者为贸易愿望(重商主义)和生产能力。有此心理基础,人民才会走向海洋寻求财富。海洋商业与海军的结合,再加上殖民地和海外市场的开拓,遂终于使英国变成有史以来的最大海洋强国。

最后,政府的性质和政策也非常重要,政府若明智而坚毅,培养其人民对海洋的兴趣,则海权的发展也自然比较容易成功。英国自从詹姆士一世时开始,其国家政策就一直都是以追求殖民地、商业和海军优势为目的。马汉认为英国之所以能够采取一贯的政策,其主因为政权始终握在贵族阶级手中,反而言之,马汉对19世纪末期开始流行的民主政治表示忧虑。他认为民主人士缺乏远见,不愿付出维持海权的必要成本。

马汉的海权要素观念,不仅构成一套理论架构,而且也使他对未来世局作了相当合理的预测,对于美国所提出的若干积极建议而言,他也可算是所谓"地略学"(Geopolitics)的先知。

马汉虽然称赞和羡慕英国的过去,但对大英帝国的前途却表怀疑,他认为美国有资格接替英国而变成世界上最伟大的海洋强国。不过,美国有两项弱点值得忧虑:(一)美国有广大陆上资源尚未开发,遂使其人民眼光内向大陆而不外向海洋;(二)民主政府可能不愿意把钱花在海权方面。因此,马汉遂大力鼓吹美国应采取帝国主义者的政策(奇怪的是,他在青年时期却有反帝思想趋势);美国应扩充海军,发展海商事业,争取殖民地。他的这一类言论具有较强烈的政治色彩,所以学术性的价值也就自然较低,不过就思想而言,那还是具有一贯的意义而无可厚非。

海军战略思想

马汉在到海院任教之前,就已经确定其治学目标:(1)解释海权对历史的影响;(2)寻求海军战略的基本原则。关于第二点,他完全采取鲁斯所提倡的比较法,并以约米尼的《战争艺术》为基础,企图从这本书中找到可以转用于海战领域中的陆战原则。

他认为在约米尼的《战争艺术》中有三大基本观念:(1)集中的原则;(2)中央位置和内线的战略价值;(3)后勤与战斗之间的密切关系。马汉于是借用这些观念来形成其海军战略思想体系的架构。事实上,"体系"(system)一词并不适当。马汉与约米尼不同,他的思想并非系统化的。其中有关战略的思想是散布在许多著作中(海军史、传记和杂志文章),不过就某种程度而言,又是比较集中在其一系列的讲义内(1886年首次在海院开讲),以后经过修订在1911年出版,有一个非常冗长的书名:《海军战略:与陆上军事行动原则及实践的比较和对比》(*Naval Strategy: Compared and Contrasted with the Principles and Practice of Military Operation on Land*),我国译本改称《海军战略论》倒是比较简洁。

马汉认定"集中"是海军战争中的"支配原则",对于战略和战术都是一样。中央位置的价值亦即在此,因为它能使我军便于集中,并同时迫使敌军分散其兵力。不过中央位置又只是一种辅助因素,而非主要因素。至于内线只能使兵力较迅速达到某点,其利益也仅此而已。在海军战争中的惟一真正决定因素,还是战斗舰队(fighting fleet)。因此,马汉有一句经常为人所引述的格言:"永远不要分散舰队!"

集中兵力的目的即为寻求决战,旨在争取制海。决战的工具就是战斗舰队,一战而击溃敌方战斗舰队,则制海即为其自然后果。所以,无论就战略或战术而言,海军都必须作攻势的使用。

马汉虽然承认海洋商业(航运)的重要性,但也认为追捕敌人的商船并不能耗费其资源和使其经济崩溃。只有瘫痪其海军兵力,才是一劳永逸之计。诚然,严密的封锁固然可以把敌方的商船和军舰都拘禁在其本国港内,但若其军舰终于逃出,则必须将其找到并予以击毁才行。

约米尼非常重视后勤,马汉亦复如此,但不知何放,马汉却选用了"交通"(communication)这样一个名词。正像"海权"一样,他对这个名词也并未作严格的界定。一方面他说:"交通是一个概括性的名词,表示军队与国家权力之间保持联系的运动线。"另一方面,他又说:"交通并非地理线,例如陆军所必经的道路,而是那些船只由于载量有限而不能携带的必要补给。"他又明确指出:"第一是燃料;其次是弹药;最后才是粮食。"无论采取哪一种定义,适当的海军基地也就变成成功的海军战略的必要因素。尤其是自从采用蒸汽动力之后,基地变得更为重要。

以上即为马汉的海军战略思想的精义,不过严格说来,其思想是既不完整又缺乏系统。他几乎完全不曾注意两栖作战的需要及其在海军战略中的地位。他对陆海两军在战争中的互赖关系,也不曾加以认真考虑。最后,到 20 世纪后期,权力投射(power projection)已经变成海军的重要任务之一,马汉对此也毫无预感。

诚如罗辛斯基(Herbert Rosinski)所说,马汉所感兴趣的仅为个别的、具体的史例,其理论是附属于历史,有系统的分析则非所长。马汉也不无自知之明,他说:"这是我有生以来最草率的工作。"

马汉虽然强调海权,但他一再提醒读者或听众,海权仍然只是一种"工具"。尽管他直到 1910 年才读克劳塞维茨的《战争论》,而且还只是节译本,但却早已知道"战争仅为一种激烈的政治行动"。

同时，马汉又认为海军是一种比陆军为佳的国家政策工具，因为海军比较不带有侵略意味，比较机动，所以也较易接受政治指导。尤其是海军的影响力，在陆军所不能达到的地方也还是能够发挥出来。

结论：马汉的影响

史普劳特（Margaret Sprout）在初版的《现代战略思想的创造者》（Makers of Modern Strategy）中曾这样肯定地说："没有任何人曾像马汉这样直接而深远地影响海权理论和海权战略。"我们今天读马汉的著作，似乎很难了解为什么在当时（19世纪末）能够产生那样巨大的影响作用，诚然，那是一种学术性的巨著，风格高雅，立论平正，但不具有刺激意味。若在今天，这样的书不可能畅销，但在当时居然能够震撼全球。所以，天下事似乎真是大有命运在焉。

自从《海权对历史的影响，1660—1783》于1890年出版，马汉即开始享誉世界。他这本书到1895年即已出版第十版，以后仍继续再版，到底出了多少版，简直是无法计算。根据哈顿多夫的书目，其最近的版本是在1980年印行。此外，除英文外，也已经译成许多其他国家的文字。第一种译本是俄文，1895年于圣彼得堡出版。其次则为德文和日文，都在1896年初版，法文版和西文版则较迟，分别为1899和1900年。

马汉以后的许多著作也都很畅销，可谓洛阳纸贵。他在自传中说，据他所知，其著作译成日文者要比任何其他语言都多。日本天皇曾命令每一所学校（中学和师范）都应购买《海权对历史的影响,1660—1783》的日译本《海上权力史论》,而其海陆军校也都采用它为教材。甚至于到1982年,日本还有一种最新译本出现。

非常遗憾,马汉的最主要著作到今天还没有中文译本。最早曾译成中文的书就是《海军战略论》,虽然前后共有三种不同的译本,实际上,却只是翻印而已,尤其是这本书相对于马汉的海权思想并非代表之作。直到21世纪初,《海权对历史的影响,1660—1783》始有中文译本。

马汉逝世于1914年,从那时到今天已一个世纪,但是他的影响力仍继续存在,真可谓历久不衰。普里斯顿(Captain William D. Puleston)说:"今天,在美国海军中,任何军官研究战争时,仍会继续采用马汉的方法和理念。"尽管人类已经进入核子时代,马汉的大名仍然受到尊敬甚至崇拜。

最后,我们对马汉应该作如何的评价和研究?也许罗辛斯基的意见最值得重视,现在就引述如下作为结论:

> 他的确是一位天才,也许要算是美国所曾产生的最伟大思想家之一,而且确是最有创见的思想家之一,其眼光的远大,其判断的正确,其直觉的敏锐,都有异于常人。
>
> 虽然许多细节已为其不可能预知的发展所推翻或修改,但其著作的核心,对海军战略根本问题的分析(他是对这些问题有合理认知和研究的第一人),仍然经得起时间和反对批评的考验。
>
> 不过,要想从其遗产获得充分的利益,要想辨别永恒与暂时,必然与偶然之间的差异,又必须作第一等的学术努力。

第十二章
近代英国的海权思想

引言　　　　李奇蒙
柯隆布兄弟　结论
柯白

引　言

　　海军之有马汉正像陆军之有克劳塞维茨,对于研究海权思想的人而言,提起马汉真是无人不知、无人不晓。美国战略家史普劳特曾指出:"很少有人能像马汉一样,在世界大事上留下这样深刻的痕迹,更少有人能像他那样,亲眼看见其理论如此圆满地实现。"事实上,在其身后,马汉的影响仍继续存在而不衰。

　　第二次世界大战之后,世界虽已大变,但在海军中马汉的大名仍然受到尊敬。在海军书刊中,马汉的言论仍经常被引述。美国海军战争学院更曾以"核子时代中的马汉"(Mahan in the Nuclear Age)为讲授课题。不过,值得注意的是,该院曾在1993年举行过一次学术讨论会,讨论的主题却是"马汉还不够"(Mahan Is Not Enough)。这不仅令人感到相当惊讶,而且也代表战略思想上的一种新觉悟。马汉固然不愧为海权的先知,但他的著作并不等于海权思想的全部。在海洋战略思想的领域中,马汉之前、之后与同时,还有其他的思想家出现。他们的知名度虽然不如马汉,但并不表示他们的思想不重要或不值得研究。所以,美国海院用"马汉还不够"作为讨论的主题实寓有深意,暗示为学者必须博观多取,保持宽广的眼界,而不可限于门户之见。

　　本章就是以上述理念为基础。事实上,在19世纪到20世纪之间的时代,马汉虽扬名天下,但海洋战略思想的主流还是在英国而非美国。英国人虽然对马汉推崇备至,但似乎只是显示一种"远来和尚会念经"的心态,而并非意味着他们本国没有伟大海洋战略家之存在。严格说来,英国有几位思想家,是可以与马汉相提并论的。但令人深感遗憾,我们现在却很少有人研究他们的著作和理论。因此,本章将扼要介绍近代英国的海洋战略思想家及其理论,以供参考。

柯隆布兄弟

从1815年拿破仑战争结束时开始,世界进入所谓"不列颠和平"(Pax Britannica)的时代。英国人的确已经控制海洋而无人敢向其挑战,全世界都坐视英国海军在世界海洋上执行警察任务,并认为那是理所当然。维多利亚时代(1837—1901)的英国人对其帝国的前途是充满信心的。不过,工业化和世界贸易使英国的经济发生革命性的变化,而蒸汽动力也使海军进入转型期。此时在英国只有一个人对帝国安危公开表示关切,他就是约翰·柯隆布(John Colomb, 1836‑1909)。他原服务于英国海军陆战队,1869年以上尉退役,以后四十年都从事于国防问题的研究和著作,并同时投身政治,曾任国会议员达二十年之久。在英国战略家之中,他可能是曾经呼吁对帝国防卫问题必须采取综合和整体看法的第一人,并充分了解战略与经济的关系。当海军问题在19世纪后期日益成为公众注意的焦点时,他的言论也就变成争相传诵的对象,但其前数十年间所作的深入研究,却几乎不曾受到任何奖励。

当普鲁士在欧陆上兴起,开始唤起英国人对国防的关切时,大家立即的反应即为陆军改革,但约翰·柯隆布提醒其读者:"国防

第十二章　近代英国的海权思想

问题的重点并非步枪的品质，而是国力的分配能否配合国家目标。英国的国防问题与欧陆国家完全不同。大英帝国是一个殖民帝国，有三种不同而又互相关联的防卫要求必须加以协调，那就是岛国的本身、帝国的海上交通线、海外殖民地，而尤其是印度。"依照他的看法，英国人纷纷谈论入侵的威胁和陆军的改革，只是注意到问题的某一方面而已。

约翰·柯隆布是第一位指出下述事实的人："除非英国海军惨败并丧失其对本国水域的控制，否则不可能面临大规模入侵的危险。而且若真是如此，则也已无入侵之必要。"到19世纪后期，英国日益仰赖输入的粮食，在19世纪80年代，已超过其总消费量之一半。所以，英国的问题不是入侵（invasion）而是围困（investment）。此种观念也就成为所谓"蓝水学派"（bluewater school）①的辩论基础。

不过，约翰·柯隆布又并非狂热的大海军主义者，他对帝国战略情况所做的分析中指出："国防绝非只是海军的问题。必须有全套的海陆军工具，然后始能适应帝国的各种不同防卫需要。"他又指出："有若干任务是海军所不能胜任的，譬如说，海军不能保卫遥远的殖民地，来对抗其他国家的陆上攻击，也不能把战争带进敌国的领土。此时必须有陆军，而陆海两军之间更需要密切的合作与协调。"经过一百年的战略辩论，事后看来，其思想的平衡稳健，终

---

① 蓝色海军，又名蓝水海军（Blue water army），是指能将海上力量扩展到远洋及深海地区、具备远征作战能力的海军形态，最早萌芽于英国皇家海军的"海上远征能力"。所谓蓝水，指的就是远洋的蓝色海水。蓝水海军要具有能在外洋长时间执行任务、并在宽广的大洋中保护本国及海外国土利益和安全的能力。

海军的作战类型用海洋地理学进行区分，通常可细分为：内河海军、褐水海军、绿水海军和蓝水海军四种类型，后三种类型的海军是现代海军的主体。——编者注

于受到大多数评论家的肯定,不过在当时却不免曲高和寡,而未能获得其所应有的荣誉。

知名度较高而环境也较有利,约翰之兄菲立普(Philip Colomb, 1831-1899)遂有后来居上之势。菲立普在海军中服务时间很久,到1886年才退役,以后又获升少将(1887年)和中将(1892年),所以其官运远较其弟亨通。退役之后,他才到格林威治的海军学院(Royal Naval College)充任海军战略及战术讲师(instructor),差不多是与马汉受聘前往新港(Newport)任教同时。从此他才开始其学术和著作生涯。

菲立普的主要著作有两种:其一为《海防论文集》(*Essays on Naval Defense*),出版于1893年;另一为《海军战争》(*Naval Warfare, Its Ruling Principles and Practice, Historically Treated*),出版于1891年。他所采取的路线与其弟有相当差异:约翰重视国防的整体,而菲立普则重视海洋战略。他认为海洋战略一向缺乏思考,并自以为他能够发现其原则。他说:"海军科学仍然停留在一种极空泛和不满意的状况中,但作者相信并无困难,只要在平时能将其置于绝对合理的基础上。"

由于英国的海权优势已经面临新的挑战,菲立普遂引述历史以唤起英国人对海洋帝国和海上霸权的回忆。他认为根据审慎的历史研究,可以发现不列颠的防卫一向都是依赖海军,假使握有海军优势,则无海岸设防之必要。反而言之,若丧失海军优势,则任何要塞都不能抵抗敌军的坚强攻击。所以,海军战争的惟一目的即为争取制海权。一旦制海权已经获致,则其他一切目的自可得来全不费功夫。

概括言之,柯隆布兄弟在战略思想史中的地位真可以说是不

第十二章　近代英国的海权思想

相伯仲,约翰的思想比较宽广,而菲立普的思想则较深入。他们在那个时代的英国颇具影响力,他们呼吁人们思考海洋战略,并促使英国海军摆脱其僵化的心态,因为菲立普的著作所分析的并非仅限于有关帝国防卫的特殊问题,所以比较易于引起较广泛的兴趣,其对后世所产生的冲击也可能较大。尤其是他唤起海军军官对历史研究的重视。因此,菲立普不仅为"蓝水学派"的领袖,而且更是"历史学派"(historical school)的创始人。

菲立普所著的《海军战争》的确是一本结构完整、系统分明、值得欣赏的好书。但很不幸,这本书的出版是在1891年,恰好比马汉的书《海权对历史的影响,1660—1783》晚了一年。于是其所应获的荣誉也就被抢去了不少。菲立普曾非常客气地向马汉说:"我相信我们所有海军人士都认为大著是时代的杰作。"实际上,就书论书,菲立普·柯隆布是绝不逊于马汉的,甚或犹有过之。但马汉在其书出版之后立即享誉国际,而柯隆布的书则仅在专业圈中才有人欣赏。尤其到今天,马汉大名仍垂范环宇,而柯隆布兄弟则几乎已经很少有人知道,其原因之一是马汉出书较早,但另一重要原因是马汉的书比较通俗,书中历史成分较多,技术成分较少,适合于一般大众阅读。不过,若从海军理论本身的观点来评判,则柯隆布的书实在具有较优的组织和体系。

柯　　白

比马汉略微晚一点,英国又出了另一位伟大的海洋战略思想家,其在学术领域中的确是能与马汉立于平等的地位,他就是柯白(Sir Julian Corbert,1854-1922)。柯白出生于富贵之家,在剑桥大学获第一级法律学位之后,几乎从未从事律师业务。由于生活富裕,所以能周游世界,四海为家,到1882年干脆摆脱一切俗务,专心致力于研究著作,并以海军史和海洋战略为范围。他与马汉可以说是各有所长:**马汉为世人所回忆的特点是他能把海权观念正确地引述于国际事务之中;而柯白则被公认为最了解海洋战略如何运作的人**。非常巧合,他们两人都是半路出家,都是在中年之后才走上学术的道路。

柯白的第一本著作出版于1898年,书名为《德雷克与都铎时代的海军》(*Drake and the Tudor Navy*)。1900年又出版第二本书,书名为《德雷克的继承者》(*The Successors of Drake*)。这两本书对英国历史中的海上战争和联合作战都有卓越的叙述和分析。到1910年他又针对英国海军史完成了四部权威著作,包括其最负盛名的佳作《英国在地中海》(*England in the Mediterranean*)。此外,他又替海军记录学会(Navy Record Society)编辑了三套学术性的资料集。这些著作对于帆船时代战争演进过程的研究都是必要的参考来源。

柯白重视海军对国家的贡献,分析制海权的获致如何能确保国家利益,并指出英国海军不仅能确保不列颠三岛的安全,而且还能阻止欧陆受到任何一个国家的控制。柯白的观念也是以地理因素为基础,但很奇怪,他和马汉不一样,并不重视海洋与经济的关系。柯白在研究伊丽莎白时代的历史时发现联合作战的重要,换言之,陆海两军必须密切合作,始能对国家利益作最有效的贡献。

柯白在1902年才受聘为战略讲师(strategic lecturer),到格林威治海军学院讲授"海军战争课程"(NavM War Course)。这是其新事业的起点。其班(课程)主任(Director of the War Course)

第十二章　近代英国的海权思想

梅上校(Captain W.J. May)允许柯白自由选择教材，但必须以战略、战术为焦点。梅上校又认为："课程内容必须现代化，使从其中所归纳出来的教训，可以应用于今天的战争。"柯白从事于教学工作直到1914年为止，英国海军中许多高级军官都曾受其教诲，真可谓桃李满天下。其讲稿累经修改之后，终于在1911年出版，那也就是其经典名著《海洋战略原则》(Some Prituciples of Maritime Strategy)。美国海军学会(Naval Institute)在1987年还曾将其增订再版。

这是柯白的传世之作，也是一本值得详细介绍的世界名著。柯白在1906年分发给学生一份文件，作为讲授的基础，其正式名称为"海军史讲义中所用的战略名词及定义"(Strategic Terms and Definitions Used in Lectures on Naval History)，但大家都简称为"绿色小册"(Green Pamphlet)。1909年又加以修订和改进，并更名为《战略注释》(Notes on Strategy)。这一本小书实际上是对战略的基本解释，同时也反映出柯白对联合作战以及克劳塞维茨《战争论》所表现的兴趣。他强调海军战略仅为战争艺术的一个整合部分。战争是一种政治关系，武力只是用来达到外交政策的目的，换言之，舰队的行动只是手段而非目的。

柯白把战略分为两类：大战略(major strategy)和小战略(minor strategy)。前者包括国际关系、经济功能在内，现在通用的名词是"grand strategy"；后者为战争的特殊部分，包括陆军、海军以及联合作战。他指出：

> 海军战略或舰队战略只是战略中的一个次分类(Subdivision)，所以，不可仅从海军作战的观念来研究战略。

227

柯白又把战略分为两种不同的态势（posture），即攻势与守势。发挥影响或达到目的为攻；阻止敌方达到其目的为守。在比较攻守优劣之后，他似乎也像一般人一样，相信攻击享有天然的优势。他说：

> 攻击，具有积极目的，自然是比较有效的战争形式。而作为一种规律，较强的方面是应该采取攻势。

不过，他又很微妙地说明守势也自有其特殊重要性，对海权国家来说，更是如此。柯白指出：

> 在海上我们固然很少有机会用守势来作为全面计划，但并无理由忽视对其的研究。由于我们自己轻视守势，这经常使我们忽视守势对敌人的贡献。在我们的海军史中充满了由于敌方在海上采取守势来支援其在陆上的攻势，使我们如何受到欺骗和挫折的故事。我们在应付此种态势时很少成功，而只有研究守势才会有成功的希望。

"绿色小册"分为两篇（part）。第一篇用来解释名词定义，第二篇用来讨论海军战略。柯白特别强调：

> 海洋战略是从来不被认为是依赖于交通的，但事实上，它比陆上战略的依赖程度还更大……所有的海军战略问题都可以简化成为水道和交通（passage and communication），而这也许就是最佳的解题方法。

第十二章 近代英国的海权思想

于是柯白遂又转而论及"制海"的观念,他指出:

> 这与占领土地的陆军观念有相当大的差异,因为海洋不可能成为政治主权的标的。我们不可能在其上取得给养(像陆军在征服地区中那样),也不能不准中立国的船只进入。在世界政治体系之中,海洋的价值在于作为一种国家与其部分之间的交通工具。所以"制海"的意义即为交通的控制。除非在一场纯粹海洋战争中,否则,制海永远不可能像占领陆地一样,成为战争的最终目的。

柯白认为交通的控制只有在战时始能存在,就性质言,又可分为全面(general)或局部(local),长期(permanent)或暂时(temporary)。至于说到确保控制的方法,他认为必须采取决定性的舰队行动,始能赢得长期全面控制,不过其他的行动还是可以获致局部及暂时控制,其中又包括各种不同方式的封锁在内。

《海洋战略原则》是"绿色小册"的最后修正版,不仅公开发行,也是柯白的传世代表作。全书共分三篇:第一篇为西方最近的战略理论著作的概观(overview);第二篇为海军理论的分析;第三篇为海军作战的讨论。当然,最有价值而值得重视的还是第一篇。

柯白首先表示他不同意战略有陆海两派之说,他认为海洋战略只是大陆战略的延伸,而并非彼此对立。他推崇克劳塞维茨为领先的现代理论家(还有约米尼也值得推崇,不过比起克劳塞维茨还是略逊一筹)。柯白的目的就是想要将克劳塞维茨未完成著作中的理论推广到他所从未研究过的海洋方面。柯白说:

> 站在克劳塞维茨和约米尼所已经达到的终点上,我们只是站在这个问题的门槛上而已。我们必须从他们的终点上开始起步,并探求对于世界现状(海洋在其中已经变成一个直接而重要的因素),他们的意见又是怎样。

柯白首先承认克劳塞维茨和约米尼的著作使他获益良多,然后又说明他的意见与他们的陆军门徒有所不同。同时又表示他不是极端的海军主义者,并深知海陆军的功能是各有其限度。柯白指出海上战争与陆上战争都同为整个战争现象的分支。他主张在名词上应用海洋战争而不用海军战争,因为无论就手段和目的而言,它都超出海军行动范围,而且与陆上行动的发展有密不可分的关系。最后就全局而言,海上战争的地位的确较次于陆上战争。柯白对这一点曾详细分析如下:

> 战争几乎不可能仅凭海军行动来决定胜负。若无协助,海军的压力只可能用消耗方式来发挥作用,其效果经常都是很迟缓,而且也会使我方及中立国的商业受到严重损失。所以一般的趋势往往都是接受并不具有决定性的和平条件了事。若欲决胜则必须使用远较迅速而猛烈的压力。因为人是生活在陆上而非在海上,所以除极少的例外,都是采取两种方式来决定战争胜负:其一是陆军进占敌国领土;其二是海军使陆军有此可能。

柯白说即令以陆上战略而言,军事理论家也都有过分强调总体战争的趋势。甚至于克劳塞维茨都还是经过相当长久的时间才认清自己的错误,然后始提出有限战争的观念。柯白对19世纪军事理论和克劳塞维茨思想所作的解释,即令以今天的标准来衡量,也都应算是非常杰出。除对战争理论提出精辟分析以外,柯白对若干公认的军事教条也发表了与时人完全相反的意见:

(一)他强调防御的利益。他虽并非完全照抄克劳塞维茨的文章,认为防御是一种较强的形势,但他却同意老毛奇的意见,相信战略攻势配合战术守势实为最有效的战争形式。

(二)柯白虽明白表示他并不提倡复古,回到18世纪的旧路,同时也不贬抑战斗和大会战在战争中的重要性。不过,他又警告其读者应知"认为战争是完全由会战所组成"的观念实乃谬误。其原因为忽视了下述事实:"会战只是一种能真正结束战争的手段,既然只是一种手段,则其他手段在某些情况中也可能同样有效。"尤其是在陆上通常还可以强迫敌军接受战斗,但在海上敌方舰队常可躲在港内,所以要想击败它势必要使用其他的手段。

(三)柯白对兵力集中的观念也表示怀疑,而那也正是19世纪战争思想中的基本原则。他指出过分强调集中是忽视了古老的战争经验。若不分散兵力则根本无战略组合(stratesic combination)可言。若我方兵力能作弹性的分散,则敌方很难知道我方的意图和实力,而且也较易于引诱其进入毁灭的陷阱。

虽然柯白在表达意见时所采取的都是低姿态,但这些观念之具有革命性则为人所共知。概括言之,《海洋战略原则》一书的确已把海军思想带到了高度艺术的水平,而且也能经得起时间的考验,到今天仍不失为经典名著。该书出版时,在大西洋两岸都曾获得很多好评。不过,这又并不意味着柯白的思想没有缺失。事后

看来,至少有下述四点:

(一)柯白未曾预料敌方潜艇在战争中所能扮演的角色。他相信商船有较高的速度,不那么容易被毁,所以,对于潜艇战的价值作了错误的低估。

(二)他有轻视巡洋舰的趋势。但在第一次世界大战时,德国巡洋舰在袭击商船的活动中所获致的成绩远超过其期待。

(三)他不像马汉,不认为有采用护航(convoy)措施之必要。在传统的大海战时代(1756—1815),英国人经常采取护航措施,并曾获得广泛的成功。这是一项不应忘记的重要教训,尤其对于一位像柯白这样伟大的历史学家,此种失误更令人感到不可思议。

(四)柯白的最大失败(greatest failure)也许是他造成一种印象(其实并不能完全怪他),使人相信舰队若能凭借其存在和地理优势来确保制海权,即无与敌军交战之必要。这一点不仅在战后引起极大的争论,而且也使柯白的清誉受到严重的伤害。

柯白自任教海院之时起,即与费歇尔(John Fisher,当时的海军参谋总长)友好,成为英国海军部的高级顾问,不过,其对官方政策究竟能有多大的影响力则又很难断言。裘德兰会战(Battle of Jutland)之后,丘吉尔(海军部长)为文替他自己的政策辩护,曾以柯白的著作为依据,于是在英国海军内部引起激烈的争论,直到战争结束后仍继续不休。柯白也难置身事外,遂使他晚年过得很不愉快。

作为海洋战略大师,柯白与马汉有很多类似之处。他们都是在中年以后才开始认真治学,他们同样强调历史对海军教育之贡献。若以著作来比较,在数量上是马汉领先,但在质量上则柯白可能后来居上。柯白出版其第一本主要著作时差不多要比马汉晚了十年,所以马汉的著作对他当然曾经产生相当的启发和示范作用。柯白治学态度远较严谨,所用的均为原始资料,而马汉则几乎完全依赖第二手资料。他们之间有惺惺相惜之感:马汉虽早已成名,但对柯白颇表尊重;而柯白也从不公开或直接批评马汉的著作。在他们的著作中,马汉以最早的两本《海权对历史的影响,1660—1783》最具不朽价值,而柯白则以《海洋战略原则》名垂青史。马汉深受约米尼的影响,而对于柯白则克劳塞维茨的影响远超过约米尼。最后再说到他们二人对当时和后世的影响,则马汉实居于遥遥领先的地位。不仅当时美国以及其他国家的政策都曾受其影响,而且即令到今天,他仍然还是蓝水学派的大宗师。反而言之,柯白对当时英国海军政策虽不无影响,但到今天除研究海洋战略的学者以外。可能已经很少有人知道他的大名了。

李 奇 蒙

第一次世界大战对西方传统战略思想是一次大考验,海洋方面也不例外,战后各国海军战略家对战前的思想都开始进行再探讨,并寻求新的途径。几乎所有的人都承认新技术对海军战争的冲击,但也同样地相信海权的未来重要性并不会因此而降低。虽然在两次大战之间,海洋战略的理论著作并不太多,不过还是有值得介绍的学者和观念。

在英国,最杰出的海洋战略思想家即为李奇蒙(Admiral Sir Herbert William Richmond, 1871-1946)。李奇蒙在1885年进入英国海军官校,到1929年晋升至上将,1931年从海军退休转入学术界,受聘为剑桥大学海军史教授以及唐宁学院(Downing

College)的院长,到 1946 年逝世。他博学多才,在海权思想领域中的成就可与柯隆布、马汉、柯白等人并驾齐驱。

早在第一次世界大战之前,李奇蒙即已是青年改革派的领袖,敢于向正统教条挑战,反对海军政策受物质主义的支配。他强调历史研究的价值,认为那是传播正确战略观念的有效工具。根据第一次世界大战的经验,李奇蒙认为英国海军的指挥和思想、物质和心理,都有严重缺失,而**其主因则为英国海军未能发展其学术机构,并长久忽视军官的高级教育**。

李奇蒙在 1906 年受到费歇尔的赏识,被调任其助理,两年后他三十五岁升任上校,并被派为第一艘"无畏"号战舰的舰长。虽然费歇尔如此重用他,但李奇蒙对这位长官却颇感失望。因为他希望能把费歇尔的眼光导向比较广大的问题上,例如全面战争计划的改进、现代参谋制度的建立,但都未获成功。

在这个阶段,他认识了柯白。柯白对这位年轻的上校非常欣赏,鼓励他发展治学的本能,培养其对高级战略问题的兴趣。在柯白指导之下,李奇蒙开始撰写其第一部主要历史著作,《1739—1748 年战争中的海军》(*The Navy in the War of 1739 - 1748*),共分三卷。此书建立了其作为史学家的地位,以后又获得英国三军学会(RUSI)所颁发的齐斯雷金质奖章(Chesney Gold Medal)。那也是极高荣誉,因为到当时为止,海军军官曾获此奖者仅有马汉一人而已。这部著作对李奇蒙思想的形成亦为重要之关键,使他因此而深入了解海洋战略的主要观念、海军参谋组织的任务,以及海陆联合作战的需要。

当他离开"无畏"号之后,李奇蒙被派为一艘第二级巡洋舰的舰长,可谓投闲置散,但他却因此而换得几年时间。他不仅完成其著作,还替海军记录学会编辑了一本书,同时又在海院兼任讲师。此外,又在该院号召一些优秀师生共同组成一个"海军学会"(Naval Society),并出版一份季刊,名为《海军评论》(The Naval Review)。在其所作的一切改革努力之中,以《海军评论》的创办最具成效,也最持久。他希望经由此管道在海军内部引发学术研究的风气,打倒高级将领对战略思想的垄断。李奇蒙说:"我希望发展彻底思考的习惯,并扩大对较高层次的兴趣。"期刊固然非常成功,但毫无疑问,李奇蒙则已变成不受欢迎的异端分子。因此,他在第一次世界大战期间也很难获得一展抱负的机会。

  战后他才再交好运,不仅升了少将还奉派到格林威治负责重开"高级军官战争班"(Senior officers War Course)的工作,这对于他是一种非常适当的任务。在1923年到1925年之间,他又调任东印度舰队司令并晋升中将。1926年又回伦敦出任新成立的帝国防卫学院(Imperial Defence College)的首任院长。对于李奇蒙的一生事业,这个学院的创建是一块重要的里程碑,也是其最后的公职。

  李奇蒙在1929年升任上将,但同年11月他又在《泰晤士报》(Times)上发表两篇署名的文章,其标题一为"较小的海军"(Smaller Navies),另一为"主力舰"(The Capital Ship),引起其与官方政策的最后冲突,并导致其两年后的退休。许多年来,李奇蒙都一直反对海军部对大型战舰的偏爱。在1921年华盛顿会议之前,他即已对英国的造舰计划表示怀疑。他认为不应以与其他国家保持物质平等(material parity)的观念来作为计划的基础,而必须重视下述两点:

  (一)潜艇和飞机的未来冲击;

(二)现实经济因素。

李奇蒙主张英国应根据其本身的需要,采取一种较合理的路线,把主力舰的吨位定在较低的限制上。姑不论其理论的优劣如何,其与官方思想违背则毫无疑问。于是李奇蒙受到严厉的谴责,最后在1931年被迫退休。

退休并不可能使李奇蒙从此保持沉默,当然也非其事业的终点。事实上,他在学术界的地位从此更上一层楼,而达到最高峰。在其人生旅程的最后十五年内,李奇蒙出版了不少著作,在剑桥出任教授和院长,而欧洲和美国也纷纷请他去讲学,真乃实至名归,德高望重。由于其学问是如此渊博,其兴趣是如此广泛,所以其作为学者和改革派的影响也就交织在一起而不易区分,他虽有其特殊的战略思想,但又并不曾作有系统的发展,而必须从其个别著作中去加以探索。

作为一位思想家,对李奇蒙的评价还是应以其对历史的研究为基础。无论就范围、深度、治学方法、写作技巧来看,他都有资格被称为良史(a good historian)。不过,他又非以纯史学家自居,其真正目的为探求战略智慧(strategic wisdom),他认为,**历史实乃智慧的宝库**(a treasure-house of wisdom)。但令人感到遗憾的是他始终不曾写一本有系统的战略理论,及至晚年,他希望完成此一心愿的愿望日益增加。他在1936年说,他准备写三本书:第一本概述从伊丽莎白时代到1918年的英国战略;第二本对战略理论作有系统的分析;第三本则讨论第一次世界大战的教训。但事实上他只完成了第一本,那就是在1945年出版的《政治家与海权》(Statesmen and Sea Power),这也是其传世之作。

概括言之,李奇蒙虽然不曾留下完整的战略理论,但从其多种著作中又还是可以发现其观念的完整、见识的高深。他认为战略与技术并不互相冲突,而且更是相辅相成,所以二者应力求整合。他指出:"飞机的发明所带来的结果并非空权已经取代海权,而是一种重要的新海权工具已经出现。"

李奇蒙在思想上有一种反物质主义的趋势,与20世纪的时代精神似乎背道而驰,所以,他经常与英国海军主流派为敌,也是理所当然。不过,他强调战略的重要则又还是值得称赞,李奇蒙指出:"虽然技术的辩论可能非常有力,但战略的辩论也许还更为有力;而就长程来看,战略的错误要比技术的错误具有更深远的影响。"

李奇蒙虽有著作等身,但究竟还是不能自立宗派,所以,其在战略思想史中的地位也不如马汉和柯白那样崇高。尽管如此,在两次世界大战之间,李奇蒙的思想和著作仍然是居于承先启后的重要地位。

结　　论

西方文明与海洋有其不可分的密切关系。在西方的战争史中,海权是一个经常存在的因素,从古希腊和古罗马,一直到20世纪的今天,此种现象可以说是殊少改变。

自从17世纪中期到20世纪中期,这三百年间不列颠以蕞尔岛国跃居世界帝国的地位,其盛衰的轨迹与海权思想的发展互为因果,非常值得深入研究。但自从第二次世界大战之后,英国国势日益式微,而美国则后来居上,变成旷古未有的超级大国。因此,英国海权思想也就无人问津,而马汉的思想遂一枝独秀。

实际上,近代英国曾有一系列的海洋战略思想家出现,其著作与理论也多彩多姿,比之马汉至少互有短长,不相上下。美国海军战争学院提出"马汉还不够"的警语足以发人深省。凡为学者必须心胸宽广,气度恢宏,不受门户之限,对各种不同的观念均能兼容并蓄。于是思想始有弹性,而学问始有进步。

第十三章
富勒：装甲兵之父

引言　　　　思想的精华
主要著作　　与李德·哈特之比较

引　言

英国富勒少将（Major-General J. F. C. Fuller）和李德·哈特上尉（Captain B. H. Liddell Hart）要算是 20 世纪前期西方世界中两位最伟大的军事思想家。他们二人可以说是一时瑜亮，在学术地位上是各有千秋，但是国人对李德·哈特似乎比较熟悉，而对富勒比较陌生。本章的主旨是要简述富勒的生平、著作、思想，以及其与李德·哈特之比较。

富勒生于 1878 年，要比李德·哈特大十七岁，后者生于 1895 年。他是正规军人出身，在第一次世界大战时即已官居上校，任英国惟一的战车兵团参谋长。1917 年 11 月 20 日的"康布莱会战"（The Battle of Cambrai）计划就是由他负责。那一战虽然是虎头蛇尾，并无决定性，但对于战车应如何使用却是一次成功的示范。对富勒本人而言，这一次试验也就奠定了其后思想发展的基础。

1918 年，富勒曾奉命草拟规模更大的装甲兵会战计划，准备在 1919 年付诸实施，但由于战争结束之故遂未获一显身手的机会。在 20 世纪 20 年代，富勒倾全力提倡军事改革，力主创建机械化部队，但曲高和寡，受到守旧派的激烈反对，结果也就使他在英国陆军中无处容身，终于在 1930 年以少将官阶退休。

退休之后，富勒仍继续用他的口和笔作孤军苦斗，但是到处碰钉子，英国的政府和民间都无人听信他的忠告。最后他愤而加入莫斯里(Oswald Mosley)所领导的英国法西斯联盟(British Union or Fascists)。他之所以这样做，是希望能改革政府和社会，以确保大英帝国的生存和发展。

富勒在军事思想方面虽然是一代大师，但是其政治思想却很幼稚，而且秉性偏激，不能容物，所以人缘很差。第二次世界大战爆发时，莫斯里和他的重要党羽都被英国政府监禁，但富勒未受牵连，仍能保持自由。这又可以证明英国政府还是休休有容，尤其是对学术界人士很能尊重。

富勒晚年埋首著作，不问世事，他一生的著作有专著四十五部，至于论文和讲稿则更多得无法计算，真可谓著作等身。他在1963年和李德·哈特一同接受英国三军学会所颁赠的齐斯雷金质奖章(Chesney Gold Medal)。再过三年，即1966年，富勒逝世，享年八十八岁。

在富勒的著作中只有下述四种已经译成中文：《西洋世界军事史》(*A Military History of the Western World*)，《战争指导》(*The Conduct of war, 1789-1961*)，《亚历山大新传》(*The Generalship of Alexander The Great*)，《第二次世界大战》(*The Second World War*)。

也许比较重要的是《西洋世界军事史》和《战争指导》，因为这两本书可以算是富勒的代表作，具有不朽的价值。凡是研究西方军事史和军事思想的人，这两本书都必须列入必读的范围。

主 要 著 作

富勒和李德·哈特一样，他们的治学都是采取**传统战略家的**

第十三章　富勒：装甲兵之父

典型路线，也就是把历史的研究视为战略研究的基础。但他们二人之间又多少有一点差异，那就是富勒是一位比较纯正的战史家，他晚年的研究是以历史为主，而战略思想几乎仅为其副产品。反而言之，李德·哈特在晚年虽也继续研究历史（他的最后遗著就是《第二次世界大战战史》），但其思想和著作重点却是放在战略方面。假使照我们在大学中的惯例来说：富勒是主修战史而以战略为辅系，李德·哈特则恰好相反。

富勒的《西洋世界军事史》共三卷，约一百五十万言（以中文计算），其所论述内容自远古以迄现代，到第二次世界大战结束为止，真可谓洋洋大观，**他的写法是以"决定性会战"（decisive battle）为核心，然后用"大事记"（chronicle）将那些会战连贯起来而成为一个连续的整体。照富勒自己的想象，这本书好像是一个波涛起伏的海面：由会战所构成的各章有如海浪的高潮，而大事记则为两个高潮之间的低潮，这样起伏相连就构成三千五百年来的战争全景**。这本书不仅对重要的会战以及其在历史上的影响有精辟的分析，而且对战争、战役和会战的前因后果都有扼要的论断。据书评家的看法，在古今许多战史中，似乎无出其右者。

富勒自称从 1923 年他就开始搜集资料，在 1939 年到 1940 年之间，才出版了两卷以决定性会战为主题的书。但他对所著并不感到满意，所以以后由于德军的轰炸而使存书全毁时，他对此也不介意，反而认为这是一个使他可以重写的机会。于是他又花费十年的光阴，把原书由两卷扩充为三卷，并且将原有的二十九章改写了二十八章，删去了一章，另增加二十三章，所有大事记和导言也是新写的。所以诚如他本人所云，这是一本新书，而非修订版。第一卷在1954年问世,等到三卷出齐时已经是1956年。

比起《西洋世界军事史》,《战争指导》是一本较小的书(出版于1961年),但其价值并不因为篇幅较小而有所减低。这一本书也可以算是《西洋世界军事史》的补篇,其主要内容为分析法国革命、工业革命、俄国革命对战争及其指导所产生的冲击。这本书也是以历史为基础,但其所讨论的对象却是偏重在思想方面,对史实则不加以详述。所以最好是先读军事史然后再读此书,始可收融会贯通之效。

富勒不曾写过一本以战略为题的书,但他的战略思想却可以从其对历史的分析中反映出来。尤其是在这本《战争指导》中更是如此。换言之,要想了解富勒对战争与和平问题的看法,必须精读此书。他的意见不仅能对当前世局的研判提供有价值的参考,甚至于还能帮助我们预测未来。

蒋百里先生曾经说过:"**战争是艺术,真正的名将是一种艺术家,他们的特性是独到,是偏。**"实际上,此种说法对于任何天才型的人物都可以适用。富勒是一个才气纵横的人,他固然有其独到的见解,但有时却不免偏激。诚如哈克特中将(Heut. General John Hackett)在1963年英国三军学会颁奖致辞时所说的:"并非所有的人都同意其政治结论或接受其历史解释,对于一位如此具有挑战性的作者而言,那是不可能的。但无人会否认其结论的有力和解释的深入。"

思 想 的 精 华

富勒的著作极多,其思想的范围也极广,从大战略以至小战术

第十三章 富勒：装甲兵之父

无所不包，因此在研读其著作时必须首先了解其思想的基础，也就是其所谓的"军事发展律"（the law of military development），事实上，即为达尔文进化论的延伸。富勒认为国家和军事组织一定要能适应环境，只有适者始能生存。此种原则所能适用的范围可大可小，所能适用的层面也可高可低，他认为思想必须有弹性，随着时代和环境而改变，而万不可僵化。他公开承认他是一位军人中的马丁·路德（Military Luther），因为他曾经撕毁战争的旧约（Old Testament of War）。

富勒非常重视技术因素。他说文明改变了，武器也会随之而改变，所以任何军事技术发展，若能善加利用，即可获得胜利。不过从长程的观点来看，技术并不能垂之永恒，不要多久的时间，又会恢复平衡的状态。所以每当不平衡时就会带来机会和危险，而平衡时就会产生僵持和险阻。

富勒认为武器对战争的影响总是双方面的，因为战斗是意志和直觉的乘积。意志鼓励人接近敌人并将其毁灭；直觉促使人远离敌人以使其本身不被毁灭。所以一切武器的发展，基本原则都很简单，那就是剑与盾，象征着攻击与防御。所以，**一切将道的基础，即为以小心来节制大胆。简言之，攻击与防御是密切配合，结为一体的，好像一位拳击手的左右手一样。富勒认为攻守的密切配合为一切战争艺术中的一个常在因素。**

他在1920年代即开始提倡机械化（Mechanization）的思想，他说："当前的时代已大致为一个机械化的时代，所以在这个时代中的陆军必须走机械化的路线，因为军事组织是跟在社会组织后面的。"因为他认为：（1）一切战场上的车辆都必须是履带和装甲的，而最后飞机或火箭将变成武器中的王牌；（2）一切战略的目的,都是要使敌军指挥系统发生脱节和瘫痪。

富勒又说:"现在是1920年,我们不要老是回头看1914年,我们的思想应该走在时代的前面,我们的眼睛应该向1930年看,否则我们将会成为时代的落伍者。对于科学而言,没有任何太神奇的东西——我们军人必须抓着魔术师的魔杖,并且强迫未来服从我们。"

富勒在20世纪20年代即已认清只有机械化才能对两大战略问题提供答案:(1)避免僵持堑壕战的重演,那是旷日持久,劳民伤财,会使任何国家都元气大伤,无以善其后的;(2)尽量利用工业技术优势以确保不列颠及其帝国的安全,而不依赖大陆军。

毫无疑问,在1917年到1918年之间的战车战术都是富勒的思想结晶,而英国战车兵团的建立也大体都应归功于他。但在战后他却才高见忌,一筹莫展。不过作为一位先知者,这样的遭遇又几乎可以说是命中注定。说起来也真很讽刺,他所著的《装甲战》(Armoured Warfare)一书在英国出版时只卖掉了五百本,而俄国人却译印了三万本分发给红军干部研读。

富勒早年的著作是以提倡机械化和研究装甲战术为主。他对机械化不仅深具信心,而且近似狂热,他自己也说他是一位传教士,以宣扬装甲福音为己任。他认为机械化将在陆上战争的历史中带来空前未有的伟大革命,此种革命效果的惊人可以与火器的采用相提并论。

到了晚年,富勒的思想和研究范畴才开始扩大。他的心灵已经比较成熟,而功力也已经达到炉火纯青的境界,尤其是在《战争指导》这本书中有许多非常精辟的见解,足以发人深省。现在就略

举数例如下:

（一）战争可以分为两大类：一类具有有限的政治目的，另一类具有无限的政治目的，但对胜利者有利的往往是前者而不是后者。

（二）在战争中切莫让自己受到绝对观念的束缚，决不可作无可挽回的承诺或决定。战争像一种机会性的竞赛，没有预定的终点。在战争中，行动必须适应环境，而环境则是经常变动。

（三）野蛮的行为在战争中很少产生良好的效果，这是很少例外的真理。另一条真理是绝对不要逼迫你的敌人作困兽之斗，虽然你可能赢得战争，但必然会使战争作不必要的延长，并产生不利的后果。

（四）在战争的历史中可以发现，敌与友会时常交换。所以，当你击倒你的敌人时，应该迅速地扶持他再站起来，很可能下次你将需要他的帮助。

（五）尽管战争已经变得远较复杂，但战争依然还是战争，所以克劳塞维茨的名言"战争是国家政策的一种混合其他手段的延续"仍然有效。

（六）所有战争的目的，都必须是以最低的成本来建立较好的和平。

从这些名言中可以体会到富勒的大战略思想与李德·哈特的非常接近，尽管他很少高谈大战略，而仅以《战争指导》为其书名（那是一个比较陈旧的名词）。

与李德·哈特之比较

富勒之于李德·哈特,其关系可以说是介乎师友之间。李德·哈特在 1914 年投笔从戎时,还是一位大学尚未毕业的青年(他在剑桥读近代史),但他的确是个天才,其最初的表现是才优于学。他在第一次世界大战末期即因对步兵战术的研究受到英国陆军当局的赏识。但是他对于战略、战史,尤其是装甲战和机械化的问题,在当时还只能算是外行。他之所以能够走上学术研究的道路,实在是由于深受富勒的提携和指导之故。在 20 世纪 20 年代初期,正当富勒曲高和寡之时,李德·哈特也许可以算是其惟一的知音。

李德·哈特非常人也。他虽然是由于富勒的指导,在学问和思考上才能更上层楼,进入新境界,但最后他还是能够青出于蓝而胜于蓝,另立宗派。李德·哈特在思想上虽以富勒为源头,但并不受其限制,他有其独立的路线,于是终成一代大师,取得与富勒分庭抗礼的地位。所以他们二人之间的关系的确可以算是学术史上的佳话。

研究西方军事思想的人往往认为富勒和李德·哈特是同属一个宗派,所以他们的思想似乎是大同小异。此种意见大体而言是相当正确的。甚至于连英国三军学会也是同时颁奖给他们两位。在接受奖章时,李德·哈特在答辞中曾指出他们二人即令有任何观点上的差异,但彼此合作无间达四十余年之久。他说:"我们在追求军事进步之十字军中的合作实为一种最愉快的经验!"

话虽如此,但是用功的读者还是可以从他们二人的著作中发

现一些很重要的差异,此种比较性的分析不仅很有趣味而且也颇具学术上的价值。现在就列举几项如下:

(一)李德·哈特对克劳塞维茨的思想不仅不太重视而且颇有误解。譬如说,他称克劳塞维茨为"数量教主"(Mahdi of Mass),实在是未之思也。他在其著作中对克劳塞维茨原文的引用往往断章取义,似乎是并未把原文看懂。总结言之,李德·哈特对克劳塞维茨思想所作的描述是歪曲的、不正确的和不公平的。又因为李德·哈特在他的时代也许是英语世界中读者最多的军事作家,所以直到第二次世界大战时,此种描述还是令许多人信以为真。

在另一方面,富勒不仅对克劳塞维茨有较正确的认识,而且也对他推崇备至。在其《战争指导》的序文中,富勒曾尊称克劳塞维茨为"现代战争之父",并且指出《战争指导》中论克劳塞维茨的那一章(第四章)是全书中最重要的一章。富勒又说在真正了解"战争是属于社会生活领域"的少数几个人当中,克劳塞维茨是第一人。有许多军人、政客及其他的人都经常引述、批评克劳塞维茨的理论,但在这些人当中真正曾经精读其伟大著作者可能百不获一。当我们在读富勒的著作时,尤其他所特别指出的那一章,似乎可以发现他对克劳塞维茨思想的了解和分析都远胜于李德·哈特。

(二)富勒的思想要比李德·哈特更科学化,他对技术因素的重视即为证明。富勒认为有一种"战争科学"(A Science of War)的存在,那是受到原则和定律的支配。富勒很重视所谓"战争原则"(The Principles of War)。在他的著作中曾经一再加以引用。反而言之,李德·哈特则认为战争原则是一种过分简化的观念(over-simplification),他在《战略论》中曾经这样说:"近代的趋势是企图用一个字(指英文而言,在中文则为两个字)来表示某一原则——然后又需要用几千字来加以解释。即令如此,这些原则还是如此的抽象化,以至于对不同的人可以具有不同的意义,假使说它们还有任何价值的话,则完全有赖于个人本身对战争的了解。"

(三)在富勒的思想中,"决定性会战"是一个主要因素,而在李德·哈特的思想中,却有要求尽可能避免会战的趋势。李德·哈特重视战略(照传统意义解释)过于战术,而富勒的想法却和他恰好相反。富勒对野战战略(field strategy)很少讨论,那并非他缺乏思想的深度,而是他认为战略是一种实用科学,以若干不变的原则为基础,只要建立那些原则之后,也就无需再作较深入的研究。

富勒认为拿破仑式的决定性会战应为一切军事活动的焦点。不过他又指出最重要的战争形式是使敌人精神崩溃(demoralization),而不一定需要毁灭(destruction)敌人。于是他把战术分为两类:(1)大战术(grand tactics)的目的是使敌人组织瓦解(disorganization)和精神崩溃;(2)小战术(minor tactics)则以实际毁灭为目的。富勒于是又指出战车的威力是在精神方面,所以装甲战只会造成少量的毁灭,也是一种比较文明的战争形式。

李德·哈特的中心战略观念就是他的"间接路线"(Indirect Approach)。但富勒对此种观念却有所批评,他在1929年致书李德·哈特时曾提出下述的警告:"若认为间接路线为万灵丹,那才是一种错误的想法。目的是要击败敌人,如果可以用直接路线来达到此种目的,那是再好也没有。间接路线只是一种不得已的下策。应采取何种路线,完全要由武器的威力来决定,假使当我遇到一个歹徒时,我有一把手枪而他没有,则我应采取直接路线,但假使双方都只带着短刀,则我也许就必须采取间接路线。"

第十三章 富勒：装甲兵之父

以上所云为富勒与李德·哈特在思想上的若干差异，不过总结言之，他们之间虽然有差异，却未妨碍他们的友谊与合作。

富勒与李德·哈特均已先后辞世（李德·哈特逝于1970年），他们在学术上的成就也已盖棺论定，而其著作则已成为人类的共同遗产。今天距离他们两人的时代已经越来越远，但是他们的思想对我们还是有很多贡献的。孔子说"温故而知新，可以为师矣"，假使我们想要在战略研究这一门学问中"出师"，则这些不朽的著作仍然值得我们认真研读。

第十四章
第二次世界大战德国三大名将

引言
生平简介
　一、曼斯坦因元帅
　二、古德里安一级上将
　三、隆美尔元帅
成就与特点
　一、曼斯坦因计划与南俄战役
　二、古德里安与闪电战
　三、沙漠之狐隆美尔
将道的比较
结论

引　言

只要略有军事常识的人都知道,第二次世界大战时,德国真是名将辈出,人才之盛实非其他国家所能及。尽管德国终于失败,但从纯军事观点来看,的确输得有点冤枉。在战争中有很多德国军人的表现是可名垂青史,永为后世楷模。

虽然德国将领都很优秀,但照许多评论家的看法,有三位真可说是"出乎其类,拔乎其萃"。他们不仅是一时之选,而且即令置于古今名将之林,也都应名列前茅。他们是谁？即为本章所要研究的三位高级将领：(1) 古德里安(Heinz Guderian)；(2) 曼斯坦因(Erich von Manstein)；(3) 隆美尔(Erwin Rommel)。我们可以总称之为"三大名将"。

概括言之,他们三人都是军事天才,其成就也难分高下。但彼此间又有若干差异,古德里安在装甲作战领域中的地位举世无双,战略方面的见解也不平凡,可惜没有机会一展抱负。隆美尔也许最幸运,他虽在次要战场上作战,但享有指挥全权,可以发挥其天才,尽管其结局是一场悲剧。一般评论都认为他战术优于战略,但李德·哈特根据其所留文件判断,认为他有深刻的战略素养。以"曼斯坦因计划"取得不朽地位的曼斯坦因,是当年德国军人(包括古德里安在内)所公认的伟大战略家,不仅能运筹帷幄,其在战场上的指挥,尤其是在东线战场上的大兵团作战指挥,也是历史上的杰作。

所谓"名将"(great captain),也就是说他有极高明的"将道"(generalship),而将道又是一个含义极广的名词,简言之,作为"总指挥"(commander in chief)所必需的一切素质都包括在内,尤其最重要者是"领导"(leadership)的艺术。研究将道要比研究任何其他军事学术都更难,因为后者还是一种科学化的努力,而前者则必须进入艺术的境界。

仅凭历史的记录还不够,因为历史往往只能告诉我们某人做了什么(What),最多只能说明他如何(How)做,但很少能解释他为何(Why)那样做。因此,我们就只能付之摸索和猜想,否则仅能知其然而不知其所以然。惟一比较厚实的资料就只有名将本人所留下来的回忆录,或其他有关文件。很幸运,第二次世界大战中的名将几乎都有这种著作,所以使其后学者获得很大便利。

当然,像他们这样大名鼎鼎的人物也还有其他的传记和史料,不过专从将道研究的观点而言,则回忆录的价值似乎最大。诚如李德·哈特在替古德里安回忆录写前言时所云:"这本书对于专家的心(Mind)怎样工作有详尽的自我表白。"这是任何第三者所写的文章无法达到的境界。

古德里安和曼斯坦因都有回忆录,分别名为《闪击英雄》(*Panzer Leader*)和《失去的胜利》(*Lost Victories*)。隆美尔英年早逝,没有回忆录,但也留下很多文件,由李德·哈特加以编辑,以《隆美尔文件》(*The Rommel Papers*)为书名出版,似乎可以代替回忆录。要研究他们三人的将道,应以这三本书为主要资料,而其他的论著则可供比照参证之用。

本章只准备以万字左右的篇幅来对三大名将的将道作比较分

析,似乎嫌太短,不过,作者的目的只是唤起读者的研究兴趣,要想了解将道的精华自然还有待进一步的深入钻研。

生平简介

要了解一位名将的思想和成就,必须先了解其个人的时代背景和生活经历。所以,现在用极精简的方式来概述他们三人的生平如下。

一、曼斯坦因元帅

曼斯坦因生于1887年,贵族出身,将门之子,父为二级上将,兴登堡元帅是其姑父。1913年进入战争学院(旧译陆大),次年第一次世界大战爆发,毕业即投入战争。到1916年又充任军团级参谋职务,尽管尚未取得正式参谋本部军官的资格。

战后(1919年)进入地下参谋本部,参加秘密建军工作。1935年出任陆军参谋本部(OKH)的第一厅长(主管作战),1936年升任参谋次长。此时,希特勒正在重整军备,许多计划都是由他拟定执行,深获希特勒赏识。

本来他应该是升任参谋总长的人选,但由于内部人事摩擦,到1938年2月,被排挤而离开参谋本部。1939年8月,德国动员备战,曼斯坦因奉派为伦德斯特(Von Rundsted)南方集团军群参谋长。波兰战役结束后,这个集团军调往西线,改名A集团军群,他仍任参谋长。

所谓曼斯坦因计划就是这个阶段(1940年)的故事(留待下文中再分析)。法兰西战役中他无所表现,到1941年希特勒发动征俄战役时，他还只是装甲军的军长。但不久即升任第十一集团军司令，有了独当一面的机会，指挥克里米亚（Crimea）半岛作战。从 1941 到 1942 年，他终于完成使命，攻占整个半岛。其事业也达到最高峰，由中将、上将，而升到元帅。

从 1942 到 1944 年，德国已由盛而衰，曼斯坦因此时已升集团军群总司令，在南俄苦撑残局。斯大林格勒惨败（那是希特勒的过错）之后，仍能疲兵再战，赢得"哈尔科夫会战"（The Battle of Kharkov），从战略观点来看，实属难能可贵。

希特勒早已心理失常，丧失理智，尽管曼氏竭忠效命，还是回天乏术。到 1944 年 3 月，由于无法和希特勒相处，终被免职。战后，他曾受同盟国监禁审判，但终以无罪释放。其回忆录于 1958 年出版，名为《失去的胜利》，实寓有深意。从他眼中看来，德国是应胜而未胜，良可慨也。

二、古德里安一级上将

古德里安出生于 1888 年，其先世为平民，父亲是职业军官，但官阶仅为中尉而已，古德里安仅毕业于中央军官学校（1907 年），不曾进过陆大，尽管他以后曾在参谋本部服务达十五年之久，并升到参谋总长，但官运并不算亨通，许多后辈都拿到元帅权杖，而他仅以上将终其身，确有"李广难封"之憾。

1914 年开始投入战争，在战争期间历任过许多职务，但有三件事与其日后的成就有相当重大的关系：（一）他曾历任若干参谋职务，使其有资格进入参谋本部军官团；（二）他曾留驻阿登地区（Ardennes），对该地区的实际情形获得亲身经验，这与曼斯坦因计划和西线战役的成功有密切关系；（三）他本是步兵出身，但在通

第十四章　第二次世界大战德国三大名将

信兵方面服务很久,并当过无线电台长,这使他学会不少通信知识,这对于以后建立新兵种(装甲)和指挥"闪电战"(Blitzkrieg)都有重大贡献。

在两次大战之间,他转入摩托运输部队(Motorized Transport Troops),这也就是装甲兵种发祥之地。1927年始升少校。1931年升中校,参加建立装甲兵种的筹备工作。1933年升上校,次年出任新成立的装甲兵司令部队的参谋长。从此一帆风顺成为明星人物。

1935年升任第二装甲师少将师长。1938年2月升任第十五军中将军长,参加占领奥地利和苏台区行动之后,11月又升二级上将(general of panzer troops)兼机动部队司令。

在二战中,古德里安的事业可分两大阶段:第一阶段是1939年8月到1941年12月;第二阶段从1943年3月到1945年3月。第一阶段几乎完全是光荣的成功记录,尽管终于不免功亏一篑。第二阶段虽是东山再起,但整个情况已每况愈下。尤其是到了他出任参谋总长时(1944年7月),一方面要对抗俄军排山倒海而来的大攻势,另一方面还要力拒希特勒的无理干涉,真可谓是内外夹攻,心力交瘁,但他却充分表现出德意志军人的传统精神勇气。

当二战爆发时,古德里安调任第十九军军长,在波兰战役中亲自指挥他一手训练出来的装甲兵作了第一次"牛刀小试"。接着就是西线战役(1940年5月到6月),他还是以军长身份指挥这次作战中的最重要的矛头兵力,从阿登山地一直冲到英吉利海峡。6月1日其所属部队扩编为"古德里安装甲兵团"(Panzer Group Guderian),继续参加第二阶段作战。西线战役结束,论功行赏,升任一级上将。

1941年6月,希特勒发动征俄战役,兵分三路,古德里安所指挥的第二装甲兵团隶属于中央集团军群,仍然担负攻击矛头的重任。到10月他又升为第二装甲集团军司令,由于希特勒宗旨游移不定,追求战术胜利而忽视战略目标,隆冬将至,始到莫斯科郊外,遂已成为强弩之末。古德里安主张暂行退守过冬,与希特勒意见相左,遂被免职。

1942年为战争的转机年,但古德里安只是旁观而已。到1943年希特勒想重建装甲雄师,遂又请他出任装甲兵总监(Inspector General),专负训练整备之责。1944年7月21日,在7月20日事变之后,许多高级将领都被株连,于是希特勒又请他兼任陆军参谋总长。这也是其一生中最艰苦的阶段,到1945年3月才请长假离职。

战争结束时他成为美军的战俘,备受礼遇,其回忆录(英文本)出版于1952年,本人则在1954年逝世,享年六十六岁。他的遗像现在挂在德国装甲兵的营舍中,被尊为"装甲兵之父"。他的儿子克绍箕裘①,也是装甲兵将领。

三、隆美尔元帅

隆美尔出生于1891年,父亲为牧师,是真正的中产阶级。1910年加入陆军,曾在军校受训九个月,获得任官资格。1914年以少尉身份投入战争,到1917年升到上尉。在一战中很幸运,在西线堑壕中所度过的时间很少,大部分时间都花在东南欧山地中,获得很多宝贵的战斗经验,并立有战功而获得勋奖。

---

① 克绍箕裘,克:能够;绍:继承;箕:扬米去糠的竹器,或畚箕之类的东西;裘:冶铁用来鼓气的风裘。比喻能继承父、祖的事业。【典出】:西汉·戴圣《礼记·学记》:"良冶之子,必学为裘,良弓之子,必学为箕。"——编者注

第十四章　第二次世界大战德国三大名将

战后他当了十二年上尉始获升迁,在此阶段中曾任教于步兵学校,并曾根据其战时经验写了一本非常优良的教科书,名为《步兵攻击》(Infantry Attacks),因此而名噪一时,更因此而获得希特勒的赏识。隆美尔是德国南部人,没有普鲁士的军事传统,所以也成为希特勒所刻意提拔的人才。此后遂一帆风顺平步青云。

当第二次世界大战爆发时,他已经是希特勒侍卫部队(Bodyguard)的指挥官。1940年2月升任第七装甲师少将师长,这个师以后获得"鬼师"(Ghost Division)的美名,在越过缪斯河(Meuse)时是三支装甲矛头中最小的一支,但也是前进距离最远的兵力。它一共俘虏三十九万七千名战俘,四百八十五辆战车和装甲车,四千辆卡车和几百门炮,而自己的损失不过死伤两千余人,战车四十二辆。因此隆美尔也荣升中将。

由于意大利在北非情势危急,向德国求援,希特勒遂命隆美尔率领新成立的非洲军(Africa Corps)前往援救。名虽为军但实际只有两个师的兵力,不过所有意大利部队也都归他统一指挥(虽然名义上他是归意大利北非军总司令指挥,但事实上,他几乎享有完全的行动自由),非洲只是一个次要战场。希特勒正在忙于东线作战,所以至少最初一年对他完全不加干涉,这也使其有机会一展所长。

从1942年2月起到1944年3月,所谓北非战役都是以隆美尔一个人为中心。虽然他的官阶已经由中将、上将而升到元帅,其所指挥的部队名义上由军升到集团军,而最后更升到集团军群,但事实上,他所能用的兵力还是非常有限,而其所面对的敌人则不断地增强,终于达到压倒的优势。在两年间,隆美尔曾两次向东越过一千五百英里的距离,达到埃及的后门。尤其是在1943年6月攻下托普鲁克(Tobruk),因而荣升元帅,为其军职生涯中的最高峰。

但天下事都不免盛极而衰,接着在第二次阿拉曼会战(The Battle of Alamein)中,蒙哥马利终于击退了隆美尔的最后攻势,从此他就开始走下坡。希特勒对他已开始常加干涉,而一般人也批评他是悲观主义者。

北非战后,到1944年初,隆美尔才又受重任为B集团军群总司令,负责防守诺曼底地区。联军6月6日登陆后他一直苦战不休,到7月17日受到联军飞机的攻击,重伤未死,回家休养。

1944年7月20日事变。隆美尔树大招风,受到疑忌,10月14日希特勒迫其服药自杀,然后赐以国葬,这样了结这位名将的一生。

成 就 与 特 点

这三位名将在二战中都有非凡的成就,似乎难分高下,不过又还是各有其特点。这当然与他们的背景和经历具有不可分的关系。在此无法详细地阐述,仅提供若干重要事实以作为将道分析的基础。

一、曼斯坦因计划与南俄战役

曼斯坦因由于其"计划"而获得历史中的不朽地位。"曼斯坦因计划"这个名词是在战后由李德·哈特所提出,因为在战时受到保密限制,局外人无法知道当时计划作为的内幕。不过,这个名词本身并不太妥当,因为严格说来,曼斯坦因只是提出一种战略"构想",他既不是计划作为者,也不是负责执行的人。以后计划定案

第十四章　第二次世界大战德国三大名将

时另有官定代号,称为"镰割作战"(Operation Sicheischmitt),而在整个作战执行时曼斯坦因几乎完全置身事外,所以照理说,这个计划不应称之为"曼斯坦因计划"。

最初,陆军总部(OKH)所拟定的计划称为"黄色作战"(Operation Yellow)。其大致内容为用较强的北翼(B集团军群)通过比利时向西进攻,而以较弱的南翼(A集团军群)保护其侧面。攻击重点放在列日以北。曼斯坦因认为它缺乏远大战略构想,不能产生决定效果,而主张用主力(A集团军群)通过阿登山地向西再西北,与北翼合围,将联军歼灭在比利时境内。

希特勒也有这样的想法,但大家所顾虑的是装甲部队能通过号称天险的阿登地区吗?曼斯坦因向技术权威古德里安请教,恰好古德里安对阿登的环境有亲身经验,不仅判断其可行,并建议应增强装甲矛头。于是曼斯坦因遂正式提出其建议:(1)攻击主力应为A集团军群;(2)应通过阿登山地发动奇袭;(3)装甲矛头必须增加。曼斯坦因当时是A集团军群参谋长,只能向陆军总部提出建议,一共六次都碰了钉子。最后,陆军总部把他调任军长,哪知恰好让他有向希特勒面呈意见的机会。于是希特勒作了决定,并且也在西线赢得了决定性胜利。

曼斯坦因虽未能分享荣誉,但他的贡献却获得历史家的肯定,并证明他有大将之才。李德·哈特认为他精通"间接路线"(Indirect Approach)之精义,而这也正是历史的教训。**任何天然障碍都不如人为抵抗那样难以克服。同时,只有采取期待最低的路线始能产生奇袭效果。这也正是古今名将成功的秘诀。**

直到1941年曼斯坦因的指挥天才始有发挥的机会。克里米亚作战就其个人而言,固然是其事业的最高峰,但从历史的观点来看,那只是一个次要的作战,并无太大的意义。尽管如此,又至少还有两点值得注意:(1)他所指挥的是一支由附庸国兵力所组成的杂牌部队(只有少量德军为核心),其数量和装备也不占优势,而仍能获得全胜;(2)他也像隆美尔最初在北非一样,享有完全的行动自由,未受希特勒的干涉。

从战争研究的观点来看,最足以显示其将道者为南俄冬季战役(1942—1943)。我们可以把李德·哈特的评论直接引述如下:

"保卢斯投降后,在俄军前进的压迫之下,德军南部战线发生广泛的崩溃。但曼斯坦因救了这个局面,并夺回哈尔科夫,使俄军仓皇败退。这次反击是其一生中最精彩的作战表演,在全部军事史中也算是第一流杰作。只要军事学研究还继续存在,则基于教育价值,其对作战的详细记录也就永远值得加以研究。"

概括地说,曼斯坦因是代表普鲁士参谋本部的正统,也可以算是老毛奇、史里芬的隔代传人。他是理想中的参谋总长人选,独当一面,指挥大兵团作战,这对于他而言,甚至于可说是大材小用。

二、古德里安与闪电战

曼斯坦因的思想比较宽广,古德里安则比较深邃,前者接近通才(generalist),后者则是专家(specialist)。前者长于战略,后者精通技术。纵观古德里安一生的事业,几乎都与装甲兵有关。称

第十四章　第二次世界大战德国三大名将

他为"Panzer Leader"①似乎一点都不错。

不过,古德里安并不曾发明"闪电战"(Blitzkrieg),他只是把旁人的思想融会贯通起来,将其形成精确的战术公式,并训练人员和发展装备,使这一套战术观念付诸实施并获得惊人的效果。事实上,思想的来源不能归之于某一个人。不过大致说来,英国思想家似乎比较得风气之先。有三位英国人,李德·哈特、富勒和马特尔(Martel)②在20世纪二三十年代时,都预言战车加上其他武器的配合,将是未来战争中的制胜者。古德里安曾研读他们的著作,而尤其佩服李德·哈特。

他在回忆录中说:"李德·哈特强调用装甲兵力作长程打击,对敌军交通线作战,并建议编成一种装甲师,把战车和装甲步兵单位合编在一起。这些观念使我获得深刻印象,我才开始尝试发展适合于我们自己陆军的装甲师。许多进一步的发展都应感谢李德·哈特的暗示。"

尽管古德里安如此推崇李德·哈特,但在那个时代,李德·哈特在其本国并不曾受到应有的尊重。1937年,古德里安也出版了一本小书名为《注意——装甲兵!》(Achtung——Panzer!),对其以后在战争中所用的战术,书中都有明白的解释。但很具讽刺的是在英法两国甚至于无人加以翻译。

---

① 闪击英雄。——编者注
② 吉法德·马特尔(Giffard Le Quesne Martel,1889—1958年),英国陆军上将,工程专家和坦克战术专家。毕业于伍尔威奇皇家军事学院。第一次世界大战中即参与坦克军团的组训工作。此后从事坦克战术的研究,并为坦克的运动和作战设计过多种装置。20世纪30年代历任参谋学院教官和陆军部机械化局局长助理和副局长。第二次世界大战爆发后,1940年率第五十摩托师在法国作战,曾指挥在阿拉斯(Arras)的反突击。1940—1942年任皇家装甲集团军司令。1942年为晋升中将。1942—1943年任驻苏武官。1945年退役。——编者注

西线战役中，虽然曼斯坦因的战略构想为德国致胜的基础，但若无古德里安的执行，则也许不会胜得那样光彩。他虽然仅是一个装甲军长，但却是矛头的矛头、全军的先锋。他也发明了一套指挥的新模式，像古代的名将一样，亲自骑着战马（装甲车）在部队前头领导，而用无线电和他的司令部保持接触。他可以算是现代 C^3 观念的创造者，这与其在第一次世界大战时的个人经验有密切关系。

古德里安在 1941 年征俄战役中的贡献至少是与在西线战役中一样有价值，至于功败垂成则希特勒应负责。尤其是在战役开始时，古德里安率领其他战车专家主张装甲兵团应加速前进，至少，要达到第聂伯河（Dnieper）之线始向内旋转，于是第聂伯河变成铁砧，在两支装甲兵力的大包围之下，步兵军执行铁锤的任务，将圈内俄军全部击碎。但诚如曼斯坦因所批评，希特勒在政治领域中虽敢冒险，但在军事领域中却谨慎有余，他不敢采纳建议，遂断送了速战速决的机会。

最后，他出任参谋总长，虽不能挽救德国的危亡，但见危受命，充分表现其精神勇气。诚如李德·哈特所示，其作为足以使其在军事方面建立不朽的名誉。

三、沙漠之狐隆美尔

隆美尔的战争场地是以非洲沙漠为主。严格说来，那是个次要战场，隆美尔虽然战绩辉煌，但从历史的观点来看，其地位不如前述二人。但因为他个人具有戏剧化的性格，而且是在西线战役之后，第一位与英军（西方）交战而能获胜的德军将领，所以才会有"隆美尔传奇"（Rommel Legend）的出现。

第十四章　第二次世界大战德国三大名将

就战论战，隆美尔的表现的确值得赞赏。在出任装甲师长之前，他对装甲兵几乎毫无经验，但以后对装甲兵的运用，其造诣与古德里安则在伯仲之间。他本是步兵专家，所以更能将两种兵力联合运用，尤其是他有许多推陈出新的观念，例如用战车从事防御战、把高射炮当做战防炮等，足以证明他有极高的创造力。

他几乎经常居于劣势，不仅兵力少，而且也缺乏补给和空军支援，他的对方则几乎经常占优势，而且优势始终有增无减。在这样的情况之下，能打胜仗固然难能可贵，而能打败仗（败而不溃）则更是战争艺术上的超人表现。尤其是1942年11月的"大撤退"（Great Retreat），从战史家的眼光看来，应算是不朽的杰作，就将道而言，也是最高的造诣。

一般人都认为他是优秀战术家、伟大战斗领袖，甚至于李德·哈特也说，在未看过隆美尔私人文件之前，也不曾想到他有那样高深的战略素养。照一般的印象，他是"行动的人"（man of action），但他实际上也是"思想家"（thinker）——我们在他的文件中时常可以发现他的思想是如何清晰、深入而富有想象力。最奇怪的是，他不仅善于用剑，也善于用笔。他的文学表达能力非常惊人，能叙述、善评论，更富热情，有时还深具哲学意味。其"沙漠战争规律"即为一例，可算是军事思想杰作。

1944年奉命防守诺曼底，虽然时间很短，而且也未能成功，但从战争研究观点来看，仍是一项极宝贵的经验。尤其是对劣势兵力应如何防守海岸，以及在没有制空权的环境中应如何作战提供了极有价值的教训。非常可惜，他的计划受到很多阻碍而未能彻底实施，否则联军的登陆也许不会成功。

将道的比较

这三人都是名将,已为不争的事实。但何谓名将?这个名词实在很难作精确界定。名将之所以为名将,惟一的测试标准就是所谓将道。将道是一种心灵的产物,所以李德·哈特对三人有一共同认知:他们都是"军事天才"(military genius)。将道是天才的结晶和表现,但这里所谓天才又与一般人所认知者不一样。通常,天才就是指高智力而言。诚然,军事天才也需要智力,但仅凭智力并不能成为军事天才。换言之,智力可以使你成为军事思想家,但不能成为名将。然则名将所需要的天才是怎样的天才?最权威的解释还是克劳塞维茨的《战争论》。所以,深盼读者先把《战争论》第一篇第三章(《论军事天才》)先读一遍,然后再来看以下的分析,则一定可以获得较佳的了解。

克劳塞维茨和孙子一样,认为军事天才的首要条件就是智勇兼备,不过,孙子是把智列为第一位,而克劳塞维茨则说"勇敢是对军人的第一项要求"。这种差异虽很有限但也很微妙,值得稍加分析。简言之,那是与二人的时代背景有关。社会文明愈进步,则人性也愈脆弱,在孙子的时代,军人能勇似乎并不稀奇,而有智则显得难能可贵。反之,到19世纪,智力水准已普遍提高,而勇气则变成稀有资源。

无论如何,仅有一样总是不够,甚至于两者之间缺乏适当的平衡,也不足以为名将。因为孙子的话较简单,而克劳塞维茨则有相当详细的分析,所以,以下的讨论是以他的思想为基础。

克劳塞维茨(以下均简称克氏)认为勇敢有两种:一种是面临

第十四章 第二次世界大战德国三大名将

个人危险时的勇气,另一种是承担责任时的勇气。前者为肉体勇气(physical courage),后者为精神勇气(Courage d'esprit)。前者是不怕困难、痛苦、危险,尤其是死亡(不怕死);后者则是一种较高级的勇气,敢于负责,敢于作决定,敢于面对现实,敢于坚守原则,尤其是敢于说"不"(No)。

当军人官阶愈高,所指挥范围愈大,则愈需要精神勇气。所以,时常会看到有人在较低级时勇敢善战而升到高位时却变得懦弱无能。

有勇而无智当然不能成为名将。但这里所谓智与一般的解释又不尽相同,其含义不仅限于聪明(智商)或智慧。克氏说:"战争是不确实的境界。战争中作为行动基础的因素有四分之三都隐藏在多多少少具有不确实性的雾幕中,所以需要一种敏感和明辨的判断力,一种嗅出真相的巧妙智力。"

战争是机会的领域,而且没有时间来作彻底思考,而必须立即作决定。所以克氏说:"有两种素质绝不可少。第一,一种理智,即令在最黑暗的时候,仍能使趋向真相的内在光线继续保持若干光辉;第二,一种追随此种微弱光线的勇气,而不管它向哪里走。前者用法文名词来描述,就叫慧眼(Coup d'oeil),后者即为决心(determination)。"

所以,名将之智与学者(思想家)所需要的智并不完全相同,而且必须智勇能相互配合,否则高度的智慧还可能成为一种障碍。克氏还列举许多其他的名词,例如平常心、镇静、毅力、坚定、感情平衡、性格力量等,事实上那都是智勇的衍生物或变体。严格说来,只要智勇俱全,即足以为名将矣。

为什么不厌其烦地引述克氏的著作,是因为只要懂得军事天才的真义,就可将对他们三人的将道分析变为这种理论举例。所谓比较当然应包括异同两方面,但从他们三人的事迹、著作,以及他人对其评论上看来,则又似乎是同多于异。甚至于可以说那些少许差异并不重要,而且也可能只是外在环境影响所形成。

概括言之,他们都具有超人的勇气。在第一次世界大战的堑壕战中,养成了高级军官的静态心灵。所以,当第二次世界大战爆发后,许多人都不能适应新的环境,甚至于无法面对现实。只有非常人始能摆脱传统(正统)的束缚和对抗官僚系统的压力。曼斯坦因提出新战略构想时所遭遇的阻力即为一例,而古德里安在建立新兵种时和隆美尔在防守诺曼底时所面临的压力也都大致相似。若是缺乏决心和毅力,则绝对无法坚持下去。

他们三人都有高度精神勇气,高度责任感,面对着希特勒那样一半像魔鬼一半像疯子的政治领袖,他们都能犯颜直谏,力拒干涉。希特勒对曼斯坦因比较客气,尽管还是不欢而散。古德里安在战争末期用冷冰冰的态度来对抗一团烈火,使希特勒对他也不能不让步。也许最勇敢的还是隆美尔,因为只有他在1942年阿拉曼会战结束后,就坦白地告诉希特勒,战争已经败定,应该迅速设法谋求谈判的和平。也许正因如此,才使希特勒对他生了杀机。

至于在战场上的英勇,他们也都差不多,不过又还是隆美尔拔头筹,那是北非战场的特质有以致之。不过就高级将领而言,这是比较次要的问题。

现在再说到智的方面。他们都具有慧眼,他们都善于用奇。在这一方面,他们几乎不分高下。另外还有一种智,也许可说是较高级的智,而且是克氏所不曾强调的,那就是所谓"创造性思想"(creative thought)。这是现代名将所必须具有的一种特质。曼斯坦因的突破观念、古德里安的闪电战和特殊指挥方式、隆美尔在诺曼底所设计的部署,都可以作为代表。

与此相关而进一步的就是对技术因素(潜力)的了解和利用。《战争论》似乎有一缺点,即完全不考虑技术因素(这当然与时代背景有关)。到20世纪技术对于战争的重要性已至为明显,但许多职业军人对此因素仍然不重视。只有少数杰出之士,始能突破传统。古德里安在这一方面的表现最为优异,但另外二人也都有同样的认知,例如曼斯坦因征询古德里安的意见,隆美尔了解制空权的重要。

现在再把李德·哈特的话引述如下:

> 他具有历史上一切名将所共有的气质。他具有敏锐的观察力,随时能找到奇袭的机会使敌人措手不及;他的思想行动都迅速无比,使敌人无喘息余地;他懂得如何把战略战术配合使用,并能获得部属爱戴,乐于为他效死。此外,他还有许多惊人成就,能使不可能变为可能。

这一段话本是对古德里安而言,但事实上,对他们三人也都同样适用。

结　　论

第二次世界大战已经是半个多世纪前的旧事。这半个多世纪来世界已经变得面目全非,不仅政治、经济、社会结构都有重大改变,而且科技进步的神速更是令人不敢相信。但是人类还是人类,世界的前途还是受到人脑的主宰，而不是受到电脑的控制。

尽管半个多世纪以来没有大战，但战争的威胁依然存在，而暴力的使用也始终不曾间断。所以国家安全和战争准备仍然还是国家政策中的主要课题。有国必须有防，无防则不成其为国。

由于物质文明的进步，遂又产生重物轻人的倾向。简言之，往往重视物资而轻视人力，重视硬件而轻视软件。这是一种严重的错误，对于国家安全足以构成莫大隐忧。因为无论武器装备是如何现代化，战争还是要由人来打，所谓无人战争只是科幻小说中的神话。

在现代社会，训练一位技士远比培养一位战士容易，而要想造就一位将才则更是难上加难，事实上，这本来也就很难。历史中有数不清的战争，但够得上名将资格的人则屈指可数。

因此，在国防教育的较高阶段必须特别重视将道的研究。但这又是一个难题：**将道要比任何其他军事学术都更难教也更难学，甚至于既无课程标准，也无教科书可用。这是一种高度艺术，其学习是有赖于弹性的心灵。**

将道的基础是军事天才，我们不可能希望人人都成为名将。无天才固不能成为名将，但即令有天才，若无适当的培育，则这种潜力也还是发挥不出来。因此，第一流将才固不世出，但高级军事教育又还是必须以将道的研习为中心去培养训育。

这是一种极艰巨的任务，惟一的途径还是拿破仑所说的老话：

> 研究历史中名将的战役，摸索其成功的原因。

但又诚如曼斯坦因所云：

第十四章 第二次世界大战德国三大名将

一个应该知道的必要事项即为——主要人物在当时是如何思想和对于局势是如何反应。

所以,名将自己写的回忆录或文件,应该是研究将道最重要的资料来源。

第十五章
综论西方名将的将道

引言　　仁
勇　　　严
智　　　结论
信

引　言

人类自有历史就有战争,甚至可以说在没有历史记录之前,即已有战争的存在。在这个地球上又以欧洲所曾经历的战祸最为惨重,诚如英国当代战史名家霍华德(Michael Howard)所云:"欧洲是从战争的熔炉中所锻炼出来的。"翻开史籍一看,在这个世界上最小的一个洲内,以及其周边地区中(即所谓西方世界),真是不知道曾经打过多少次战争、战役和会战。由于战事的频繁,所以也就名将辈出。今天我们要想开列一张西方世界古今名将的名单,可能会感到有不胜枚举的困难。大大小小也许会有几百人之多,而出乎其类、拔乎其萃的也不下数十人。

研究战史的人通常都尊亚历山大(Alexander the Great)为西方世界第一名将,也可以算是这个行业中的祖师爷。从他开始往下数,遂有人把汉尼拔(Hannibal)、恺撒(Julies Caesar)和拿破仑四人并称为西方四大名将。实际上,在长达两千年的西方历史中还是有许多其他名将,例如我们可以随便指出:英国马尔波罗(Marlborough)、普鲁士的腓特烈(Frederick the Great)、瑞典的查理士十二世(Charles XII)、美国的华盛顿。在拿破仑之后,世界开始进入近代史的阶段,战争的规模和范围日益扩大,于是所谓名将的人数也随之而成几何级数式地增加。我们也许可以说,在20世纪,尤其在第二次世界大战中,够得上名将资格的西方军人人数可能要超过有史以来到 19 世纪为止的总和。

究竟何谓名将（Great Captain）？所谓名将者有无一种公定的或客观的标准？对这些问题，大致说来，似乎人人都有一种概括的认识，似是要提出精确的答案却可能很困难。首先应指明的是，**对名将的评判必须以其"将道"（Generalship）为根据，而不可以成败论英雄**。因为决定战争胜负的因素非常复杂繁多，而将道不过是其中之一种而已。在某种情况下，即令亚历山大复生，也还是不能够打胜仗。不过，将道的优劣又仍然可作定评，甚至于可以说，愈是在危难的环境中则愈能显出将道的伟大价值。隆美尔在北非战役后期的表现即为一个现成的例证。

将道与战略并非同义词，尽管战略这个名词的语根是出自前者。将道就是为将之道，也就是将军的艺术（the art of general）；战略（照传统意义解释）则为战争艺术（the art of war）中的一部分。一位名将当然应该精通战略，又或推而广之，更应精通战争艺术的其余部分（包括战术、后勤等都在内）。但仅凭这一点还是不足以成为名将。将道的范围是远较广泛，包括领导、组织等方面在内，而且也牵涉到人性和心理的问题。换言之，将道的境界是比战略（或战争艺术）更高一层，而其内涵也远较复杂微妙。

必须是将道够水准的人始有资格列入名将之林，用围棋或柔道的术语来表示，也就是必须已达"高段"的标准。在此又必须指出名将与战略军事思想家之间的差异。**所谓战略的含义是可分为三个阶段，即思想、计划与行动。凡是在这三阶段中能有特殊成就的人都可以称之为战略家，但是只有在行动方面能作特殊表现的人始能算是名将**。诚然，在名将之内也还是有思想家的存在，一个最显著的例证就是老毛奇，但概括言之，名将与思想家究竟是两种

第十五章 综论西方名将的将道

不同的典型：前者是长于行动，后者是长于思考，前者的成就是立功，后者的成就是立言。虽然二者可以得而兼，但彼此之间并无必要的关系。

名将的身份是由将道来决定，但将道这个名词又应作何解释？综合地说，就是作为一位名将所需要的一切素质（quality）。然则又应包括哪些素质？古今中外讨论将道的著作中曾有各种不同的分类或列等，在此无法尽述，而且古今中外的标准也不完全相同。**本文所采取的标准是把孙子和克劳塞维茨的观念合为一体，并且给予一种现代化的解释。**

孙子在《始计》篇中说："将者，智、信、仁、勇、严也。"这五个字是够有弹性，若能加以现代化的解释，似乎即可把所有一切构成将道的必要素质都包括在内，不过本章在以下的讨论中却不准备依照孙子的原定顺序，而参照克劳塞维茨的思想，另行排列如下：勇、智、信、仁、严。现在就分别以这五个字为核心来讨论将道的要旨，并且随时以西方名将的事迹为例，读者如欲作更深入的研究，则必须博览史籍，始可有成。

勇

孙子论将把智列为第一位，克劳塞维茨则认为勇是军人的第一项要求。将即令官阶再高，仍属军人范围之内，所以照克氏的观点，勇还是第一项要求。这也正显示军人与文人不同的地方，军人必须在危险的环境下工作，同时将军毕竟是一种"行动的人"（man of action），他必须采取行动而不是纸上谈兵。

克氏认为勇气可分为两大类：（1）肉体勇气（physical courage），

简言之,就是不怕死;(2)精神勇气,是一种较高级的勇气,必须详加解释。首先要对名词的翻译作一些澄清。克氏在《战争论》中所用的原文是法语"courage d'esprit",应译为"精神勇气"是毫无疑问;不过译成英语之后就变成"moral courage",而"moral"一字却有"道德"和"精神"两种含意,于是在许多英译中的文件里遂被误译为"道德勇气",这是必须加以矫正的。

何谓精神勇气?克氏解释为一种承当责任的勇气、一种面临精神威胁的勇气。不怕死(危险)对于军人而言只是一种起码的要求,而且阶级愈高则对于肉体勇气的需要也就愈低。反而言之,对精神勇气的需要则相对增高。分别言之,精神勇气似乎又可分为四种:(1)自信的勇气;(2)决断的勇气;(3)冒险的勇气;(4)坚持的勇气。现在分述如下:

(一)将军对自己的意见、计划、判断都必须有充分的信心,而不受外来的无理干扰。但这并不是刚愎自用,为将者仍然需要弹性的心灵和从善如流的雅量,但却不可以耳朵软和骨头软。换言之,要能不为众议浮言所惑,并敢于抗拒不合理的干涉。孙子说"君命有所不受",这充分表示将军绝不可以唯唯诺诺(yes man)。古今名将中表现这种风度的实在太多,第二次世界大战时的古德里安、隆美尔、蒙哥马利都可以作为例证。

(二)将军必须有当机立断的勇气,而不可以犹豫不决。当然决断是有其理智的基础,此所谓"慎谋善断"。但克氏却指出单独的智不是勇。我们常见绝顶聪明的人反而缺乏决断,阶级愈高,责任愈重,则决断也就愈难。一个最佳的例证就是艾森豪威尔在诺曼底登陆前夕所作的决定,他虽然只说了两个字"Let's go",但却象征着无比的勇气。

第十五章 综论西方名将的将道

（三）诚如克氏所指出的，战争毕竟还是一种赌博，危险与机会不可分。为将者必须敢于投机，敢于冒险，在历史中冒险成功的例证不胜枚举，也许麦帅的仁川登陆可以算是一个最近的杰作。当作决定时，麦帅曾经这样说："即令只有五千分之一的机会，我都还要赌一下。"如此的勇敢实不可及。

（四）战争是一种考验耐力的游戏。一场会战要打很多天，一次战役要打几个月，一个战争要打好几年，如果缺乏苦撑到底的勇气，则根本不能成为名将。拿破仑常说"胜负决定于最后五分钟"，西方的谚语说"最后一根稻草可以压断骆驼背"，这都足以说明坚持的重要。在西方历史中最足以表示此种勇气的人莫过于普鲁士的腓特烈，在七年战争中他的处境是极为恶劣，但仍能获得最后的成功。

智

智慧的基础是知识，所以孔子说"好学近乎智"。虽然我国古语云："享高年者不服丸散，为大将者不读兵书。"但此种说法只不过是强调天才的重要和警告军人不可以变成书呆子而已。克氏也有同样的见解，他说："那些在规律的纸堆中爬行的军人们很可怜，因为这些规律对于天才不仅是不够好，而且也是天才所可以忽视或嘲笑的。"尽管如此，事实上并非所有的名将都是天才，而大体来说，则古今名将几乎无不好学。亚历山大可以算是一位真正的天才，却文武兼备。他是希腊大哲学家亚里士多德的高足，在战争中只要一有余暇就以读书自娱。当他东征时也是带着一个庞大的科学顾问团一起走。拿破仑在远征埃及时也采取同样的措施。老毛奇更是以博学多才著称,他的著作之多,文辞之美远在一般学者之上。

智慧是出于知识但不限于知识,严格地说,智慧对于名将而言比知识更重要,而接近于天才的境界。这也就是拿破仑所谓的"慧眼"(Coup d'oeil)。克氏解释如下:

> 第一,一种理智,即令在最黑暗的时候,仍能使趋向真相的内在光线继续保持若干光辉;第二,一种追随此种微弱光线的勇气,而不管它向哪里走。前者就是慧眼,而后者即为决心。

在这里也就可以显示名将之可贵,以及他与学者或思想家的区别:他是在一种极端困难、危险、紧张、不确实的环境中工作,而所负的责任又极其重大,所感受的精神压力也非常沉重。我们读历史的人,事后看来也许会觉得那些名将的决定很自然,行动也很顺利,所以往往都是有惊无险地过关。但这只是后见之明,当时的情形绝非如想象中那样轻松。

智与勇虽然是两种不同的素质,但彼此不仅相辅相成,而且其间也有非常密切微妙的配合。一位名将大致都是智勇双全,当然在二者配合的比例上可能有若干差异,但绝对不会是有智无勇,或有勇无智。智与勇的配合适当也就构成天才,克氏认为在战争中到处充满了摩擦,也到处充满了机会。甲方的摩擦对于乙方则构成机会,反而言之亦然。为将者必须智勇兼备,然后才能克服本身的摩擦和抓到敌人的机会,若能如此即可谓军事天才。

第十五章　综论西方名将的将道

信

　　什么叫作"信"？本文所采取的解释是与过去注孙子的诸家都不相同，严格地说，只是借用此一名词而已。克氏曾经指出在战争中一切的事情都很简单，但简单并不一定容易。为什么不容易？主因是战争要由人来进行。所谓"战争机器"（war machine）者只是一种形容，事实上，这部机器不是由齿轮或螺丝钉所组成，而是由活人所组成。因此，将军的工作是比工程师远为困难的。后者所管理的是死机器，而前者所指挥的是活机器。将军除了会打仗以外，还要会带兵，而后者又是前者的基础。

　　简言之，名将不仅要精通战争艺术，而且还要具有领导和组织的才能。战争是一种集体性的努力，仅凭主将一个人，即令是三头六臂也不中用，而到了近代，由于战争范围日益扩大，所用兵力日益众多，技术因素日益复杂，领导与组织也就更加重要。以下所列举的三个因素——信、仁、严都与这二者有关，现在就分别加以讨论。

　　如何能够将许多外人组织起来，并领导他们进行生死存亡的决斗，其首要的关键就是这个"信"字。概括地说，又可分为三点：一是自信；二是互信；三是共信。此三者又互相支持而结为一体。军人都应有自信，而阶级愈高，则自信也应愈坚定，各阶层、各单位、各个人之间都要有互信，同时全军上下又要有一种共信，必须如此，然后始能同生死，共患难。在整个军事组织中，主将的信心也就构成全军信心的焦点，换言之，全军都是信赖他的领导，然后始能同心协力，争取胜利。

　　然则主将又如何能获得全军的信赖呢？克氏对此曾提出一种

观念,那就是所谓"心灵的常态"(presence of mind),如果意译即为镇静或沉着。为大将者必须能够临危不乱,然后始能履险如夷。克氏指出构成战争气氛的有四个因素:危险、劳苦、不确实、机会。所以在此重重障碍之下,欲作安全和成功的进展,必须有高度坚忍的心灵和性格。新闻记者和战史家也曾用下列各种名词来形容:毅力、坚定、坚忍、感情平衡、性格力量,等等。

一位伟大的指挥官在战场上就好像是暴风雨之夜中的灯塔一样,所有在海上漂泊的船只只要看到它就会有一种安全感。在这种紧要关头,一切都是依赖他一个人的意志。只有他才能维系人心、保持控制。第一次世界大战时的兴登堡是一个最好的例证。坦能堡(Tannenberg)会战前夕,鲁登道夫午夜徘徊,不能入睡,但兴登堡却照样准时就寝,鼻息如雷。当鲁登道夫已经感到沉不住气时,兴登堡却毅然冒险到底,决不中途变卦。最后当德国战败时,又还是依赖兴登堡的领导才终于走向复兴的道路。从表面上来看,兴登堡是一个碌碌无奇的庸才,也许只能恭维他是福将,但事实并非如此简单,兴登堡不仅是大智若愚,而且更有其特别伟大的性格,那就是在任何危难之中都能不改常态,所以才能获得全军甚至于全国的信赖。

仁

"仁"字照中国文字学的原始解释是"象人偶也"。简言之,就是人与人之间的关系。战争的主体是人,军队是由人组成,所以为将者必须精通如何处理人际关系的艺术。这也正是所谓领导学和组织学的重要基础。因为彼此都是人,所以也就会产生同情心和

第十五章 综论西方名将的将道

同类意识,亦即所谓人情和人性。必须有这样的心理基础,然后才能发挥领导和组织的作用。

所谓精神感召也就是同情心的升华。为什么军人会在主将领导之下,不惜出生入死、冒险犯难去追求共同的目标(胜利),其主因是由于内心里感觉到他和指挥官在精神上已经是合而为一,这是一种高度的艺术,似乎是只可意会,不可言传。不过。实际上,主将又常常可以其一言一行来表达他的这种情感。譬如亚历山大就有下述的一段轶事:

> 他从不要求部下做他自己不愿意做的事情(己所不欲,勿施于人);当他向印度前进时,发现军中的车辆都塞满了私人的赃物,于是他首先命令将其自己车辆中的不必要物件焚毁,然方例及于其将领。他总是把人员的需要放在自己的前面。某次行军时大家都感到口渴,有一个士兵在一个水穴中发现有一点水,赶紧用头盔装着,将其献给国王。他接受之后,首先向献水者致谢,然后在全部人员的眼前,将水倒在地上。此一行动使全军为之感动,可以说无异于每个人都领了他所倒出来的水。(见钮先钟译《亚历山大新传》,军事译粹社出版)

几乎所有的名将都有这一类的戏剧化表演,我们万不可以鄙之为矫揉造作、沽名钓誉,诚如富勒将军在《亚历山大新传》中所作的按语:

> 像这一类的小事都足以使其人员与他自己之间有了一种无形和不会破裂的精神联系。他把他的大无畏精神灌注在

他们的身上,在他的领导下,他们不惜置生死于度外,向天涯海角前进!

严

"严"字在近代战争中的意义也是必须采取广泛的解释。这里所谓的"严",不仅只是"律己以严",而尤其不是"严刑峻法"。那是说在军事领域中必须要有严格的组织,然后才能克敌制胜。当战争在时间和空间中的限度日益扩大,所包括的人员和物资日益增多,组织的重要性也就自然相应提高。

在古代的战争中,将领的指挥往往都是个人的、现场的和直接的。到了近代,高级将领也就不太可能再有这样跃马挥戈的机会。换言之,军阶愈高,其与战场的关系也就愈遥远,愈间接。甚至于在拿破仑战争的后期,那位伟大的皇帝就已经感到无法由他一个人控制全局。近代战争的规模比之当时不知道已经扩大了多少倍,所以若无严格的组织,则根本无法行动。

若说战争已经企业化,将军已经变成了总经理,管理科学代替了指挥艺术,那未免有一点过甚其辞,但组织能力的重要是绝对不可否认的。组织固然是有其科学的基础,但其运用还是一种艺术。穷其究竟,组织的对象还是人,所以,为将者必须精通组织之道,然后才能运转这种巨大无比、精密惊人的战争机器。

结　　论

以上是采用孙子所说的五个字,来概述西方名将所表现出来

第十五章 综论西方名将的将道

的将道精华。当然,那么多的名将,其间必然有许多的差异,而绝对不可能是完全属于一种典型,但是若作综合的研究,则可以归纳出这些因素,并可大致指出几乎每一位名将都多多少少具有这些素质:

上述五种因素之间的关系是相乘而不是相加,所以它们配合之后,其作用也就会倍增;反而言之,绝不能有一个因素等于零,否则其乘积也会等于零,这也就是说,名将的性格是平衡的,五种武德都兼备,虽然在成分上是有强弱之差,但绝对不会完全缺乏某一种素质,又或某一种素质太差,以至于会成为一种拖累,而使其他的优点也都发挥不出来。

当然,名将之所以为名将,一部分的确是由于天才,名将之可贵也就在此,诚如拿破仑所云:

> 将领的个性必不可少。他是头脑,也是全军。高卢不是罗马兵团征服的,而是恺撒征服的,使罗马感到战栗的不是迦太基的军队,而是汉尼拔。侵入印度的不是马其顿的方阵,而是亚历山大。达到威悉河和莱茵河的不是法兰西陆军,而是屠云尼。在七年战争中,普鲁士面对欧洲三大强国而仍能自保者,不应归功于普鲁士的军人,而应归功于腓特烈大帝。

不过天才是可遇而不可求,而且除了第一流的天才以外(那是非常稀少),一般所谓天才者,实际上与一般中智以上的人,其间最多只有程度上的差异,而并无种类上的差异。换言之,只要资质是相当优秀,如能加以培养和磨炼,则虽也许不能成为第一流名将,但置身于名将之林应该是有此可能的。英国名将之一魏菲尔

(Lord Wavell)曾经说过:"良将和诗人不同,他是人为的而不是天生的。"

然则假定你已有足够优秀的资质,又如何可以使你终于变成一位名将呢?还是请听拿破仑的忠告吧:

> 学习亚历山大、汉尼拔、恺撒、古斯塔夫、屠云尼、尤金亲王和腓特烈;一再研读他们八十三次战役的历史;把他们当做你自己的模范;此乃成为名将和精通将道之秘诀。

战略思想丛书

战略,就是为未来的不确定性寻求更多的确定性。仿佛下棋,不能只看一步两步,要看到三步及三步之外。战略思考或战略研究,小到个人人生规划,中到企业运营发展,大到国家未来,无不重要而迫切。由于种种原因,很多人、很多企业、至很多国家,只顾着眼前、只看到一步、两步,而不能看到第三步及三步以外,落得败笔、乃至败局,甚是惋惜。

中国正处于5 000年未有之变局,正处于改革开放以来的前40年转向未来30年的关键节点……转型,转折,转变,你——准备好了吗?!

大时代需要大战略,大时代应用大战略!

人人需要战略修养!

人人需要提升战略修养!

"战略思想丛书"应运而生,助您战略成功一臂之力。

《教育的目的》

〔英〕怀特海　著　庄莲平　王立中　译注
文汇出版社,2012 年 12 月,定价: 20 元

　　学生是有血有肉的人,教育的目的是为了激发和引导他们的自我发展之路——本书的主要侧重点在于智力的教育,并从多个视角进行说明。从这个意义上也得出结论:老师也必须有活跃的思想。

　　本书断然反对灌输生硬的知识,反对没有火花的使人呆滞的思想。本书内容都是有实践证明的经验之谈,或是教育实践后的反思。

　　这是一本奇书,值得所有对教育有兴趣人的阅读。

《战略研究入门》

钮先钟　著
文汇出版社,2019 年 6 月,定价: 55 元

　　本书内容包括三个问题及其答案:(1)什么是战略和战略研究;(2)怎样从事战略研究;(3)为什么要研究战略。读了这本书,至少应能了解上述三个问题的正确答案,也就可以无忧无惧地进入战略天地,学习做一位战略家。这本书可以充任向导;带着你顺利地达到理想的目标。所以,本书能够帮助你学会如何研究战略,至少能够引导你入门。

《历史与战略》

钮先钟　著

文汇出版社,2019年6月,定价:55元

　　战略研究必须以历史经验为基础,尤其是历史中有关战争的部分。这是古今战略家的共同意见。本书梳理了十六则历史上的战略案例,让人体会到历史的教训是如此地深远,人类从历史教训中学习是何等地重要,值得深思。

《战略家:思想与著作》

钮先钟　著

文汇出版社,2019年6月,定价:50元

　　战略是一种思想、一种计划、一种行动,也可以说战略是始于思想,而终于行动,在思想与行动之间构成联系者则为计划。所以,凡是在战略思想、战略计划、战略行动三方面的任一方面能有相当成就或贡献的人,就都可以算是"战略家"。

　　有哪些称得上"战略家"的人?他们在思想和著作如何?了解这些,我们方可在战略方面有所师法、借鉴。

《孙子三论：从古兵法到新战略》

钮先钟　著
文汇出版社,2019 年 6 月,定价：50 元

　　本书所研究的固然是古兵法,但又非仅以研究古兵法为惟一目的,所真正希望的是此种研究能够有助于新战略的思考,真正目的是试图透过此种研究来寻求能够适应新战略环境的新战略思想,试图从古兵法走到新战略。

《历史的性质》

〔法〕安德烈·博弗尔　著　李心茹　译
文汇出版社,2019 年 6 月,定价：32 元

　　我们在历史中活着,我们或多或少自由地或是有意识地创造着历史,历史既可以告诉我们来自哪里,又可以指导我们该向何处走去。因此,历史对于人类来说,是一门重要的知识。
　　历史是以将事件的重大路线联结起来的全局视野为准则选取它的方向的,而这些事件被解释为完整的人的冲动和无理性的需求。从这一观点出发,我在接下来的几卷中展示了由此引发的一定数量的观察和思考。

《领导者的规则与工具》

佩里·M. 史密斯　杰弗里·W. 弗利　著
庄莲平　王立中　译注
文汇出版社,2019年6月,定价:58元

如何把自己塑造成一名领导者,如何提高领导他人的技巧,以及如何领导一个组织。

这是一本翔实的书,深入探讨了领导者在现实生活中所面临的真正问题、困境以及许多其他可能的情况。两位作者以其丰富的组织管理经验、在领导力和管理方面的教学和研究心得,完成了这个很多人想做(却始终没人做成)的事情:他们写出了一本对领导者和下属者的职业生涯都极有帮助的指南。

在你一生的职业生涯中,这是一本值得反复温习并详加体会的书。

图书在版编目(CIP)数据

战略家：思想与著作：新版 / 钮先钟著. —上海：文汇出版社, 2018.9
（战略思想丛书）
ISBN 978-7-5496-2717-2

Ⅰ.①战… Ⅱ.①钮… Ⅲ.①战略思想—通俗读物 Ⅳ.①E81-49

中国版本图书馆 CIP 数据核字(2018)第 209177 号

·战略思想丛书·

战略家：思想与著作（新版）

丛书主编 / 王立中

著　　者 / 钮先钟
责任编辑 / 黄　勇
特约编辑 / 建　华
封面装帧 / 王　翔

出版发行 / 文汇出版社
　　　　　上海市威海路 755 号
　　　　　（邮政编码 200041）

经　　销 / 全国新华书店
排　　版 / 南京展望文化发展有限公司
印刷装订 / 启东市人民印刷有限公司
版　　次 / 2018 年 9 月第 1 版
印　　次 / 2024 年 2 月第 6 次印刷
开　　本 / 710×1000　1/16
字　　数 / 310 千字
印　　张 / 19.25

ISBN 978-7-5496-2717-2
定　　价 / 50.00 元

《战略家：思想与著作》经城邦文化事业股份有限公司麦田出版事业部授权出版中文简体字版本，非经书面同意，不得以任何形式任意重制、转载。